植村典人 著
Fumito UEMURA

一級建築士試験
構造力学のツボ

THE ESSENCE OF STRUCTURAL MECHANICS

学芸出版社

まえがき

　「一級建築士試験」は，建築物の設計，工事監理を行う技術者のための国家試験である．この国家試験が，"耐震強度偽装事件"が起きたことによって受験資格の見直しが行われ，ますます難関となる傾向にある．

　この難しい「一級建築士試験」に合格するためには，"苦手科目を作らない"ことである．そのためには各科目まんべんなく得点することが大切となる．しかし，その中でも学科Ⅳの構造力学・構造計算の分野を最も苦手とする受験生が多い．この原因は，数学と同様に，学習に"理論的な積み重ね"を必要とするからである．また，単なる断片的な知識の積み重ねだけでも合格はおぼつかない．系統立った学習が必要になってくる．

　構造力学や構造計算の分野の問題を無視して合格できるかといえば，それは無理である．例年，この分野の問題は，30問中8〜9問の割合で出題されている．また，学科Ⅳの合格基準点は15〜16点程度と高く，構造力学の得点なくして合格レベルに達することは難しい．

　そこで，本書は，構造力学・構造計算の分野にしぼり，これらを克服するために，基本的な事項から順にレベルアップが図れるような系統立った構成とし，微分や積分などの高等数学を用いることなく徹底してやさしく解説した．

　本書の特徴としては，「☞必ず覚える！ 公式〇」，「☞必ず覚える！ 重要事項」，「☞必ず覚える！ 約束事」と題して，構造力学を解くに必要な**公式**や**重要事項・約束事**を覚えるべき要点として掲げた．これらを暗記することである．暗記することによって，問題解決の糸口をつかむことができると確信している．

　また，「❖ちょっとMEMO」，「❖ちょっと発展」などを随所に挿入し，その公式や内容に関連した事項をMEMO的に，または発展的内容として記載したので，学習の参考にしてほしい．

　次に，「解法の手順」と題して，要点を整理し，問題解決の手順の"コツ"として示した．出題例の問題の意味をつかみ，どのようにして解くかを理解するために，この解法の手順を繰り返し，繰り返し読み返し，その後に，過去問に挑戦し，解答を自分のものにすることによって，苦手としていた構造力学の分野を得意分野に変え，学科Ⅳを克服してほしい．

　本書では，これらの内容をまとめて"構造力学のツボ"とした．"ツボ"を押さえた学習をすることによって，構造力学の全問正解を目指し，かつ，合格ラインに達するまで学習を進めれば，目標としていた一級建築士試験の合格が見えてくるであろう．

　また，本書を十分に活用されることによって，一級建築士試験合格の栄光を勝ち取られることを願ってやまない．

2007年1月

著者　植村　典人

一級建築士試験　構造力学のツボ　目次

まえがき 3

第1章　力学の基本事項と公式 ……………………………………7

1　力と力のモーメント　7
2　力の合成と分解　10
3　力のつり合い　16

第2章　静定ばり・静定ラーメンの応力 ……………………………19

1　構造物の静定・不静定の判別　19
2　静定ばりの応力　24
3　静定ラーメンの応力　27

第3章　静定トラスの応力 ……………………………………………39

1　切断法によるトラスの解法　40
2　節点法によるトラスの解法　44
3　クレモナ図解法によるトラスの解法　47

第4章　はりの変形 ……………………………………………………55

1　たわみ・たわみ角　55
2　モールの定理　56

第5章　不静定ばりの応力　……73

1. 不静定ばりの解法　73
2. 各種はりの最大曲げモーメント　78

第6章　不静定ラーメンの応力①　……79

1. 剛度と剛比　79
2. 分配モーメント　80
3. 固定モーメント法による解法　82

第7章　不静定ラーメンの応力②　……87

1. 長方形ラーメンの応力　87
2. 単ラーメンにおける柱の反曲点と曲げモーメント図の関係　93
3. 柱のせん断力と材端モーメントの関係　96
4. 長方形ラーメンにおける水平荷重の柱への配分　98

第8章　層間変位・水平剛性と柱の負担せん断力　……101

1. 層間変位　101
2. 水平剛性　105
3. 柱の負担せん断力　106

第9章　断面の係数と応力度　……111

1. 断面の係数　111
2. 各種応力度・ひずみ度　121
3. 各種ひずみ度・ヤング係数　131

第10章　全塑性モーメント ……………………………………………… 137

1　全塑性モーメントのみが作用する場合　137
2　全塑性モーメントと軸方向力が作用する場合　141
3　鉄筋コンクリート造のはりの場合　144

第11章　崩壊機構・崩壊荷重 ……………………………………………… 147

1　崩壊機構（崩壊メカニズム）　147
2　崩壊荷重　150

第12章　座　屈 ……………………………………………………………… 155

1　座屈と座屈軸　155
2　弾性座屈荷重　155

第13章　固有周期・振動 …………………………………………………… 161

1　固有周期　161
2　バネ定数　162
3　応答スペクトル　165

第1章　力学の基本事項と公式

本章では，直接出題例はないが，構造力学を解く上で知っておかなければならない基本事項と公式を復習する．

特に，モーメントについては，静定・不静定にかかわらず，力のモーメント，偶力のモーメント，曲げモーメント，材端モーメント，固定端モーメント，不つり合いモーメント，解放モーメント，分配モーメント，到達モーメント，降伏モーメント，全塑性モーメント，終局曲げモーメントなどいろいろなモーメントがあるのでその違いを理解しておくことが重要である．

1 力と力のモーメント

◉ 1・1　力とは

力は，その存在を目で見ることはできない．

しかし，図1·1のように，物体に力が作用することによって，形を変えたり，移動したり，運動を変化させたりすることによって，その存在を確認している．

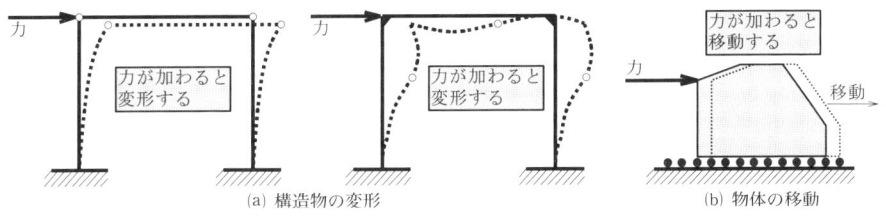

(a) 構造物の変形　　　　(b) 物体の移動

図1·1　力の存在

力は，通常，図1·2のように，矢印（ベクトル）で表している．

力の大きさを表すには，力の三要素が必要である．**三要素**とは，**力の大きさ**，**方向と向き**，**作用点**の三つである．また，力は，作用点を通って，力の方向に引いた**作用線上**

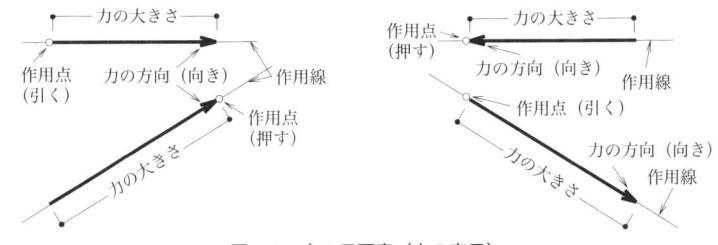

図1·2　力の三要素（力の表示）

に描くことにしている．ただし，通常は，作用線を描くことなく力を表示している．

> **☞ 必ず覚える！ 重要事項**
> 力の移動性の法則……変形を考えない物体において，これに作用する力は，作用線上の任意の位置に移動させても力の効果は変わらない．

　この法則は，力のモーメントの計算や，力の合成と分解などに多く用いるので，十分に理解しておくことが大切である．

◉ 1・2　力の単位

　構造力学では，力の大きさを表す単位として，N（ニュートン），kN（キロニュートン）などの国際単位（SI 単位）を用いる．

　国際単位は，地球上で質量 1kg の物体に約 $9.8 m/s^2$ の重力加速度が生じていることから，1kgf ≒ 9.8N と表す単位である．

◉ 1・3　力の記号と符号

　力を表す記号には，集中荷重を表す P，分布荷重を集中荷重に換算したときの大きさを表す W などを用いる．

　力の符号は，単に矢印の向きによって決めている．すなわち，図 1・3 のように，直交座標軸を考え，数学的思考と同様に，右向き・上向きを正（＋），左向き・下向きを負（－）とする．

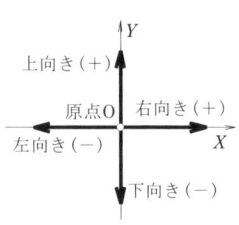

図 1・3　力の向きと符号

◉ 1・4　力のモーメント

力のモーメントとは，ある点に対する力の回転効果をいう．

　すなわち，図 1・4 のように，ある物体に力が作用して，O 点を中心に物体が回転するときの力 P の O 点に対する回転効果を，力 P の O 点に対する**力のモーメント**という．

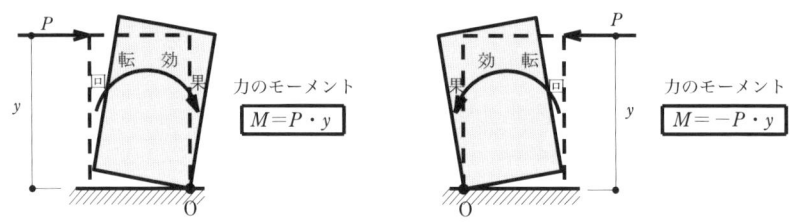

図 1・4　力のモーメント

　力のモーメント M の大きさは，図 1・4 のように，力 P と O 点から力 P の作用線までの垂直距離 y との積で表す．

> ☞ **必ず覚える！公式1**
> 　力のモーメント $M = P \times y$　　　　　　　　　　　　　　(1・1)

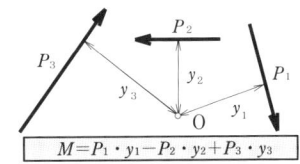

図1・5　数力の力のモーメント

単位は，力の単位（N，kN）×長さの単位（cm，m）の複合単位（N·cm，N·m，kN·m など）を用いる．

符号は，**時計回りのモーメントを正（＋），反時計回りのモーメントを負（－）**とする．

図1・5のように，数個の力がある場合は，それぞれの力のモーメントの代数和として求める．

直接，O点から力Pに垂線が下ろせない場合は，作用線を延長してこれに垂線を下ろす．また，図1・6のように，力Pの作用線上に回転の中心のO点がある場合は，垂線が下ろせないので，**力のモーメントは0**になる．

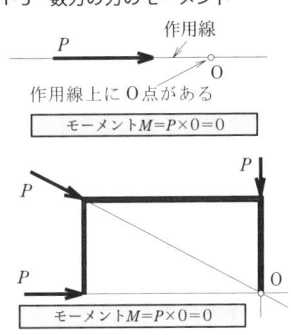

図1・6　力のモーメントが0となる場合

> ☞ **必ず覚える！公式2**
> 　力の作用線上に回転の中心がある場合は，力のモーメントは0になる．
> 　$M = P \times 0 = 0$

● 1・5　偶力のモーメント

図1・7のように，作用線が平行で，力の大きさが等しく，向きが反対である1対の力を**偶力**という．

偶力によって生じるモーメントを**偶力のモーメント**といい，その大きさ M は，力 P と2力間の垂直距離 l との積で表す．

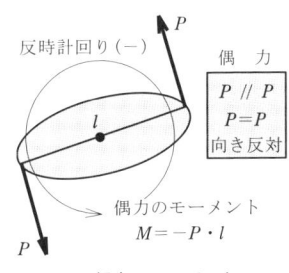

図1・7　偶力のモーメント

> ☞ **必ず覚える！公式3**
> 　偶力のモーメント $M = P \times l$　　　　　　　　　　　　　　(1・2)
> 　偶力のモーメントは，ある直線上のどの点に対しても**一定値**である．

偶力の単位と符号は，力のモーメントの単位および符号と同じである．

なお，次にいろいろなモーメントに関する用語を掲げたので覚えてほしい．

> ☞ 必ず覚える！重要事項

①力のモーメント…………ある点を中心に物体が回転するときの，力 P のある点に対する回転効果を，力のモーメントという．
②偶力のモーメント………作用線が平行で，力の大きさが等しく，向きが反対である1対の偶力によって生じるモーメントを偶力のモーメントという．
③曲げモーメント…………外力が部材に作用して曲げようとするとき，部材内部に生ずる1対のモーメントをいう．
④材端モーメント…………部材の端部で曲げモーメントが生じているとき，1対のモーメントのうち外側のモーメントをいう．
⑤固定端モーメント………固定されている部材の端部（固定端）に生ずるモーメントをいう．固定モーメント法の解法に用いられる．
⑥不つり合いモーメント…固定モーメント法の解法において，ある点を固定端にするために働かせるモーメントをいう．
⑦解放モーメント…………不つり合いモーメントを解放するために働かせるモーメント．不つり合いモーメントと大きさが等しく向きが反対のモーメントをいう．
⑧分配モーメント…………ある節点に解放モーメントを作用させたとき，その節点に剛で接合されている部材の剛比に比例させて分配したモーメントをいう．
⑨到達モーメント…………はり・柱などの部材の一端に分配されたモーメントによって，部材の他端に生じるモーメントをいう．他端が固定端ならば分配されたモーメントの1/2が到達する．
⑩降伏モーメント…………部材の縁応力度が降伏応力度に達したときの曲げモーメントをいう．
⑪全塑性モーメント………部材の全断面が降伏応力度に達し，応力をこれ以上負担できなくなって曲げモーメントを維持して回転だけを続ける塑性ヒンジが発生するときの曲げモーメントをいう．
⑫終局曲げモーメント……終局曲げ耐力のことで，全塑性モーメントともいう．鉄筋コンクリート構造においては，コンクリートの圧縮縁のひずみ度が終局ひずみ度に達するときの曲げモーメントをいい，次式で求める．

$$M_u = 0.9 \times a_t \times \sigma_y \times d$$

2 力の合成と分解

　図1・8のように，1つの物体に数個の力が同時に作用するとき，これと同じ働きをする1力にまとめて置き換えることを**力の合成**といい，まとめた1力を**合力**という．
　また，物体に作用する1力を，これと等しい効果をもつ数個の力に置き換えることを**力の分解**といい，分けた数個の力を**分力**という．
　合力や分力を求める方法には，図形を描いて求める**図式解法**と数式を用いて求める**算式解法**とがある．

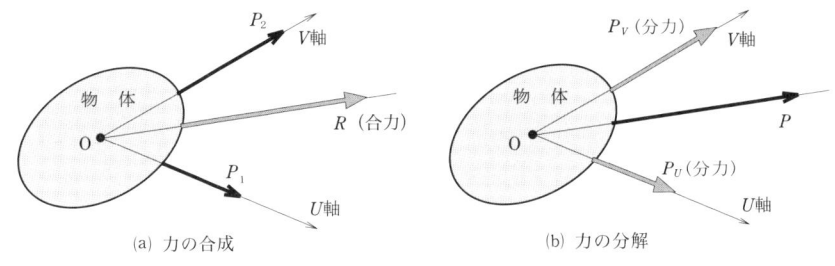

図 1・8　力の合成と分解

◉ 2・1　1 点に作用する力の合成

(i) **図式解法**　力の平行四辺形または力の三角形から，図 1・9 のように求める．

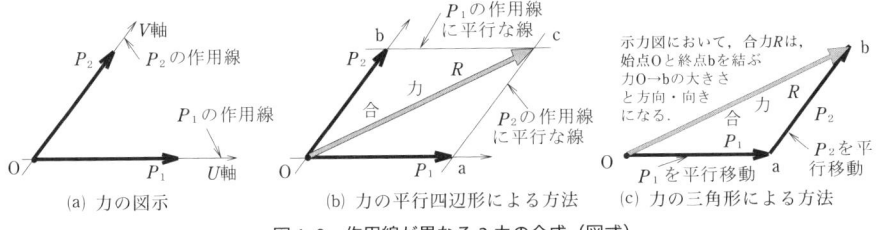

図 1・9　作用線が異なる 2 力の合成（図式）

(ii) **算式解法**　2 力が直交する場合は**三平方の定理**から式（1・3）および（1・4）で，2 力の角度が任意の場合は式（1・5）および（1・6）で求める．

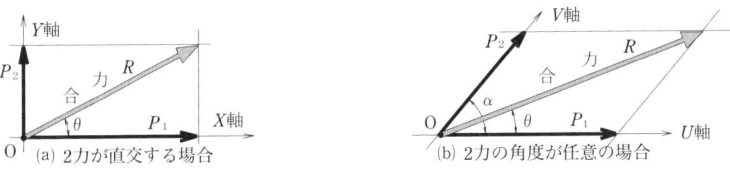

図 1・10　作用線が異なる 2 力の合成（算式）

☞ **必ず覚える！公式 4**

- 2 力が直交する場合（図 1・10 (a)参照）

    2 力の合力　　　　　　$R = \sqrt{P_1^2 + P_2^2}$　　　　　　　　　　　(1・3)

    X 軸とのなす角度　　$\tan \theta = \dfrac{P_2}{P_1}$　　　　　　　　　　　(1・4)

- 2 力の角度が任意の場合（図 1・10 (b)参照）

    2 力の合力　　　　　　$R = \sqrt{P_1^2 + P_2^2 + 2P_1 \cdot P_2 \cos \alpha}$　　(1・5)

    U 軸とのなす角度　　$\tan \theta = \dfrac{P_2 \sin \alpha}{P_1 + P_2 \cos \alpha}$　　　　　(1・6)

第 1 章　力学の基本事項と公式　11

◉ 2･2　1点に作用する2軸への分解

(i) 図式解法　力の平行四辺形または力の三角形から，図1･11のように求める．

(a) 力の図示　(b) 力の平行四辺形による方法　(c) 力の三角形による方法

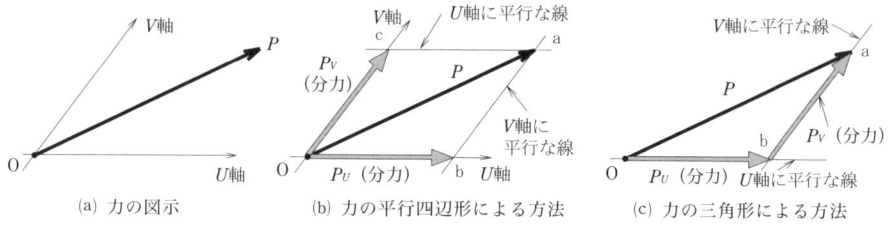

図1･11　任意の角度の2軸への分解（図式）

(ii) 算式解法　2軸が直交する場合は三角比から式（1･7）および（1･8）で，2軸の角度が任意の場合は式（1･9）および（1･10）で求める．

(a) 2軸が直交する場合　(b) 2軸の角度が任意の場合

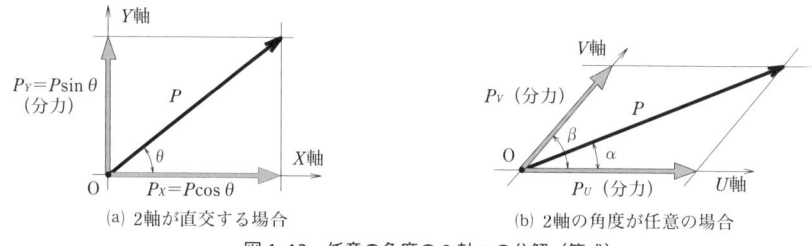

図1･12　任意の角度の2軸への分解（算式）

☞ 必ず覚える！ 公式5

・2軸が直交する場合（図1･12(a)参照）

X軸上の分力　$P_X = P\cos\theta$　(1･7)

Y軸上の分力　$P_Y = P\sin\theta$　(1･8)

・2軸が任意の角度の場合（図1･12(b)参照）

U軸上の分力　$$P_U = \frac{P\sin(\beta-\alpha)}{\sin\beta} \qquad (1･9)$$

V軸上の分力　$$P_V = \frac{P\sin\alpha}{\sin\beta} \qquad (1･10)$$

◉ 2･3　1点に作用する数力の合成

(i) 図式解法　1点に作用する数力の合成は，2力の合成を繰り返して行う力の平行四辺形による方法と，数力を順につなぎ合わせて示力図を描く**力の多角形**による方法とがある．

その方法を図1･13に示す．

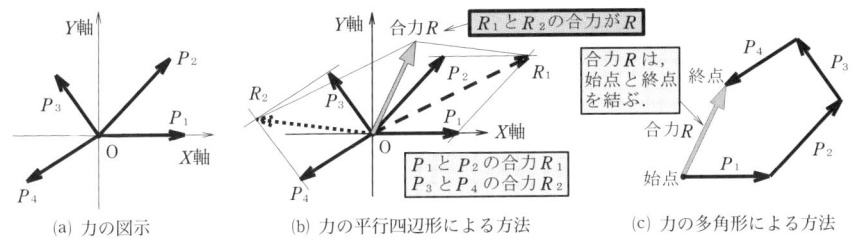

図1・13　1点に作用する数力の合成（図式）

力の平行四辺形による方法では，P_1とP_2で平行四辺形を描き，その対角線が2力の合力R_1となる．次いで，P_3とP_4で平行四辺形を描き，その対角線が2力の合力R_2になる．そして，R_1とR_2で描いた平行四辺形の対角線がP_1～P_4の4力の合力Rとなる．

力の多角形による方法では，任意の位置にP_1を描き，その矢印の先端からP_2をつなぐ．さらに，P_2の先端からP_3，P_3の先端からP_4と順につないでいき，P_1の描き初めの**始点**とP_4の描き終わりの**終点**を結ぶと，それが合力Rになる．

このとき，力をつなぐ順序は，どの順でもよい．ただし，合力Rは，常に，始点から終点へと結ぶ大きさと向きになる．

(ii) **算式解法**　図1・14において，P_1～P_4の各力を式(1・7)(1・8)を用いて，X軸，Y軸上に分解し，各軸上の分力の総和ΣX，ΣYを求める．

次に，合力Rの大きさと，X軸とのなす角度θを式(1・11)(1・12)を用いて求める．

☞ **必ず覚える！公式6**

合力Rの大きさ　　$R = \sqrt{(\Sigma X)^2 + (\Sigma Y)^2}$ 　　　　　　　　(1・11)

X軸とのなす角度　　$\tan\theta = \dfrac{(\Sigma Y)}{(\Sigma X)}$ 　　　　　　　　(1・12)

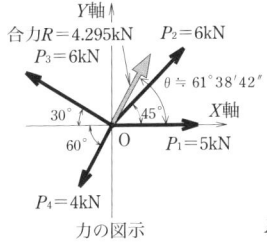

力の図示

	$P_1=5\text{kN}$	$P_2=6\text{kN}$	$P_3=6\text{kN}$	$P_4=4\text{kN}$	ΣP
$P_X = P\cos\theta$	5	$6\times\cos45°$ ≒ 4.24	$-6\times\cos30°$ ≒ -5.20	$-4\times\cos60°$ = -2.00	≒ 2.04
$P_Y = P\sin\theta$	0	$6\times\sin45°$ ≒ 4.24	$6\times\sin30°$ = 3.00	$-4\times\sin60°$ ≒ -3.46	≒ 3.78

合力の大きさ $R = \sqrt{(\Sigma X)^2 + (\Sigma Y)^2} = \sqrt{(2.04)^2 + (3.78)^2} ≒ 4.295\text{kN}$

X軸とのなす角度 $\theta ≒ \dfrac{\Sigma Y}{\Sigma X} = \dfrac{3.78}{2.04} ≒ 1.85294$ 　　∴ $\theta ≒ 61°38'42''$
　　　　　　　　　　　　　　　　　　　　　　　　　　　（関数電卓による）

図1・14　1点に作用する数力の合成（算式）

● 2・4 平行な数力の合成

平行な数力の合成と分解は，図式解法で行うことは少ない．一般には，算式解法で解く．
(i) 図式解法　示力図と連力図の関係から，図1・15のように解く．
作図方法（図1・15参照）
(1) 図1・15(b)のように，示力図を描き，合力Rの大きさと方向・向きを求める．
　合力Rは，力P_1〜P_3を順につないだときの始点aと終点dを結ぶ力a→dとなる．
(2) 示力図において任意の位置に極点Oを定める．O点と平行な3力のそれぞれ，始点と終点を結ぶ線O→a，O→b，O→c，O→dを引き，1，2，3，4と番号を付ける．この線を**極線**という．

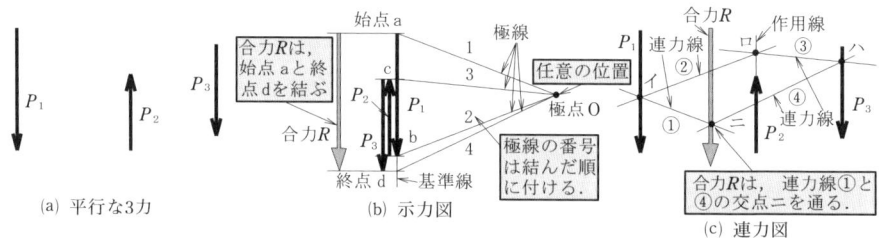

図1・15　平行な数力の合成（図式）

(3) 次に，図1・15(c)において，P_1の作用線上に任意の点イを取り，図(b)の示力図でP_1の始点と終点を結んだ極線1，2に平行な2つの線①，②を引く．この線を**連力線**という．
(4) 同様に，示力図のP_2の始点と終点を結んだ極線2，3に平行な2つの連力線②，③を引くが，すでに(3)で②の連力線は引いたので，作図としては，②の連力線とP_2の作用線との交点ロを求め，ロ点を通って3に平行な連力線③を引く．
(5) さらに同様に，③の連力線とP_3の作用線との交点ハを求め，ハ点を通って4に平行な連力線④を引く．
(6) 合力Rの作用線を求める．
　合力Rの作用線は，(3)〜(5)の作図の考え方と同様に，合力Rの始点と終点を結んだ極線1，4に平行な連力線①，④が交わる点ニを通ることがわかる．
　したがって，示力図で求めた合力Rを連力図のニ点を通るように平行移動させて描けば**連力図**が完成する．

☞ **必ず覚える！重要事項**

示力図において，力Pの始点と終点を結ぶ極線は，連力図において，力Pの作用線上で交わる．
すなわち，連力図上では力Pの作用線と力の始点と終点を結ぶ極線に平行な2つの連力線は，必ず，1点で交わる．このことを**連力図が閉じる**という．

(ii) **算式解法**　算式で解く場合は，**バリニオンの定理**を用いることが多い．

> ☞ **必ず覚える！重要事項**
>
> **バリニオンの定理**
>   数多くの力のある点に対する力のモーメントの総和は，それらの力の合力のその点に対する力のモーメントに等しい．

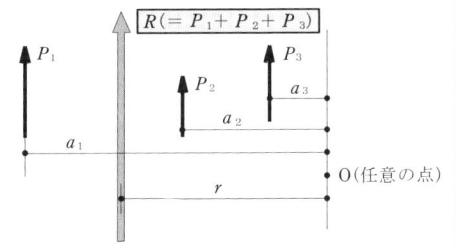

・バリニオンの定理

合力の大きさ R
$$R = P_1 + P_2 + P_3$$

合力 R の作用する位置
$$R \cdot r = P_1 \cdot a_1 + P_2 \cdot a_2 + P_3 \cdot a_3$$
$$r = \frac{P_1 \cdot a_1 + P_2 \cdot a_2 + P_3 \cdot a_3}{R}$$

図 1・16　バリニオンの定理

> ☞ **必ず覚える！公式 7**
>
> ● バリニオンの定理（図 1・16 参照）
>
>   合力 R の大きさ　　$R = P_1 + P_2 + P_3 + \cdots\cdots + P_n$ 　　　(1・13)
>
>   合力 R の作用位置　$Rr = P_1 \cdot a_1 + P_2 \cdot a_2 + P_3 \cdot a_3 + \cdots\cdots + P_n \cdot a_n$
>
> $\therefore r = \dfrac{P_1 \cdot a_1 + P_2 \cdot a_2 + P_3 \cdot a_3 + \cdots\cdots + P_n \cdot a_n}{R}$ 　　　(1・14)

● 2・5　平行でない数力の合成

平行でない数力の合成は，主として，図式解法で解く．

図式解法は，示力図と連力図の関係から図 1・17 のように解く．

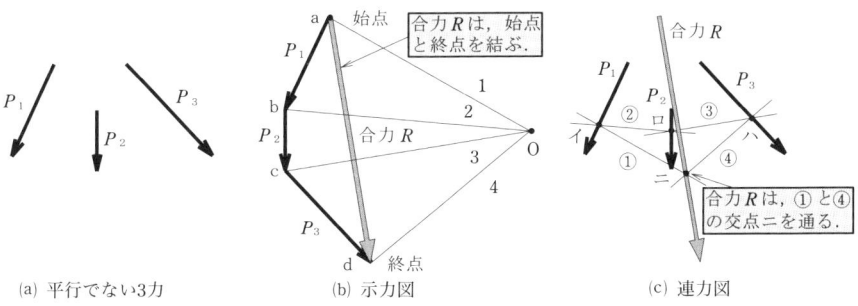

(a) 平行でない 3 力　　　(b) 示力図　　　(c) 連力図

図 1・17　平行でない数力の合成（図式）

● 2・6 平行な2軸への分解

数力を2軸に分解する場合も，算式解法で解くことが多い．

図式解法で解く場合は，示力図と連力図の関係から，図1・18のように解く．

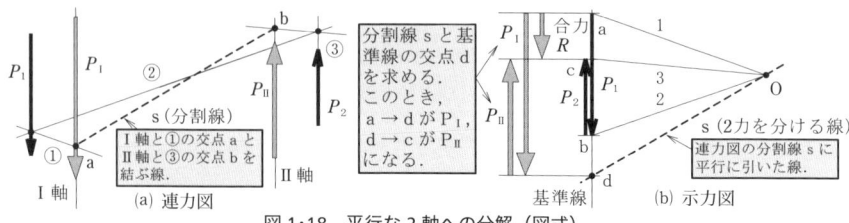

図1・18 平行な2軸への分解（図式）

算式解法で解く場合は，やはり，バリニオンの定理を活用して解く．このとき，モーメントの中心を分解する軸（Ⅰ軸またはⅡ軸）上に取ると，その軸に関するモーメントは0になり，他の軸上の力がすぐに求まる（図1・19参照）．

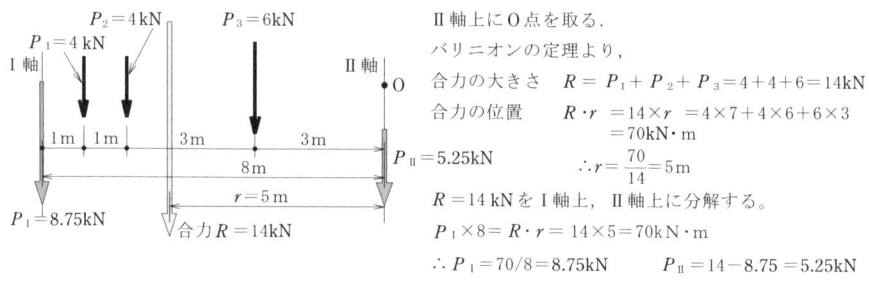

図1・19 平行な2軸への分解（算式）

3 力のつり合い

● 3・1 1点に作用する力のつり合い

(i) 図式解法（図1・20参照）

2力がつり合うには，2力が同一作用線上にあり，大きさが等しく，向きが反対であることが条件になる．3力のつり合いは，任意の2力P_1，P_2の合力Rを求め，このRと同一作用線上にあり，大きさが等しく，向きが反対である力P_3を作用させれば，P_1，P_2，P_3の3力はつり合うことになる．

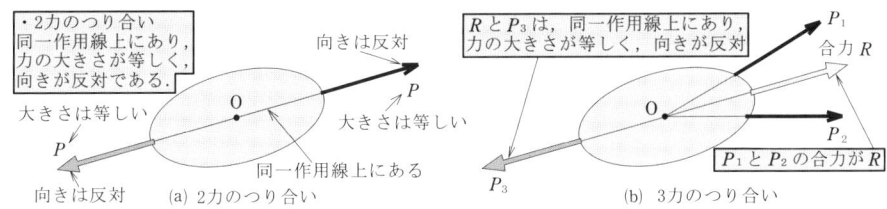

図 1・20 1点に作用する力のつりあい（図式）

> ☞ 必ず覚える！ 公式8
>
> 2力のつり合い……①同一作用線上にあり，
> 　　　　　　　　②力の大きさが等しく，
> 　　　　　　　　③向きが反対である．
> 　このとき，2力はつり合っている．
> 3力のつり合い……①始点と終点が一致し，示力図が閉じる．
> 　　　　　　　　すなわち，合力が0になることでもある．

(ii) 算式解法

合力が0になるということは，
$$R = \sqrt{(\Sigma X)^2 + (\Sigma Y)^2} = 0$$
となり，同時に，$\Sigma X = 0$，$\Sigma Y = 0$ となる．

> ☞ 必ず覚える！ 公式9
>
> 1点に作用する力のつり合い
> $\left.\begin{array}{l}\Sigma X = 0 \\ \Sigma Y = 0\end{array}\right\}$ 　　　　　　　　　　　(1・15)

● 3・2　作用点が異なる力のつり合い

(i) 図式解法

示力図が閉じるとともに，連力図も閉じること（図1・21参照）．

示力図が閉じても，連力図が閉じないと，モーメントが生じてしまう．

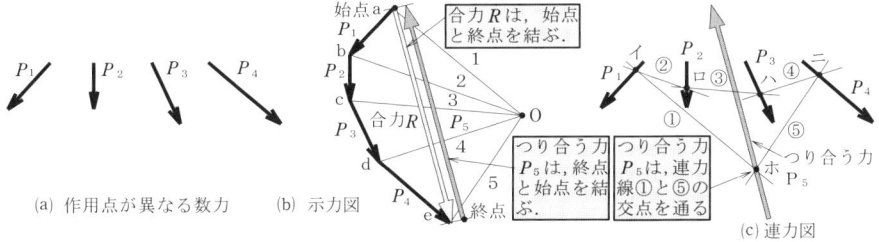

図 1・21　作用点が異なる数力のつり合い（図式）

示力図において，数力につり合う力P_5は，終点 e と始点 a とを結んで得られる力 e→a の大きさと向きになる．

連力図において，数力につり合う力が作用する位置は，連力線①と⑤の交点ホを通る作用線上である．ここに示力図で得たつり合う力P_5を平行移動すると連力図が完成する．

(ii) 算式解法（図 1・22 参照）

$$\Sigma X = 0,\quad \Sigma Y = 0$$

と同時に，モーメントが生じないためには，

$$\Sigma M = 0$$

とならなければならない．

☞ 必ず覚える！ 公式 10

作用点が異なる力のつり合い

$$\left.\begin{array}{l}\Sigma X = 0\\ \Sigma Y = 0\\ \Sigma M = 0\end{array}\right\} \qquad (1\cdot16)$$

問題例

・P_1～P_3の3力につり合う力P_A，P_Bを求める。

(a) 問題の図

B 軸上に回転の中心を取って，

$\Sigma M_B = 0$より

$-3\times8+P_A\times6-6\times4-3\times2=0$

$\therefore P_A=\dfrac{24+24+6}{6}=9\,\mathrm{kN}$

$\Sigma Y=0$より

$-3+9-6-3+P_B=0$

$\therefore P_B=3+6+3-9=3\,\mathrm{kN}$

(b) 結果の図

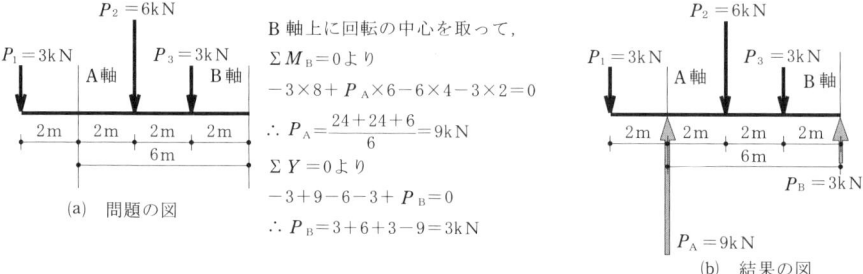

図 1・22 作用点が異なる数力のつり合い（算式）

第2章　静定ばり・静定ラーメンの応力

　静定構造物には，はり・ラーメン・トラス・3ヒンジ系などの構造物がある．
　ここでは，**静定ばり**と**静定ラーメン**（単純ばり系ラーメン・片持ばり系ラーメン・3ヒンジ系ラーメン）について取り上げる．静定トラスについては，次章で学ぶ．
　本章で取り上げる静定構造物の出題頻度は，はりとラーメンを合せて10年間で9～10問とほぼ毎年出題されるという高い頻度を示している．その上，得点可能な分野でもあるから，確実に解いて1点を取るように心掛けることが肝要である．なかでもラーメンは，頻度が高く重要であるから，基本的な事項を中心に気を入れた学習が必要となる．
　本章では，まず，静定構造物とはどのようなものであるかを考え，静定構造物・不静定構造物を見分ける方法を学習する．
　次いで，ラーメンを中心にした静定構造物の応力を学習する．
　これらの構造物に荷重が作用すると，骨組には**応力**が生ずる．ここでの応力は，**軸方向力**，**せん断力**，**曲げモーメント**であるが，なかでも最も出題頻度の高い曲げモーメントを重点的に取り上げる．

1 構造物の静定・不静定の判別

　構造物には，外力が作用すると簡単に移動したり，変形したりする**不安定構造物**と，外力が作用してもある限度までは移動も変形もしないで，元の位置や形を保つことができる**安定構造物**とがある（図2・1参照）．
　我々が考える建築物は図2・1(a), (c)のような不安定な構造物であってはならない．すなわち，構造物としては最低限度である，移動も変形もしない図2・1(b), (d)のような安定した構造物としなければならない．

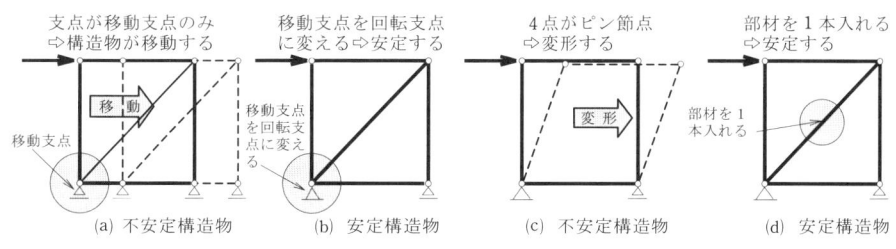

図2・1　安定構造物・不安定構造物

安定構造物は，**静定構造物**と**不静定構造物**とに分けることができる．

静定構造物は，力のつり合い条件（$\Sigma X = 0$，$\Sigma Y = 0$，$\Sigma M = 0$）のみで反力や応力（軸方向力，せん断力，曲げモーメント）を求めることができる構造物をいう．

不静定構造物は，力のつり合い条件のみでは反力や応力を求めることができない構造物で，まず，最初に変形の条件などから反力の一部を求めた後，静定構造物と同様の計算で残りの反力と応力を求めることができる構造物をいう．

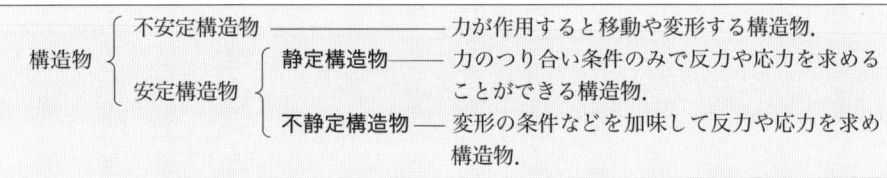

それらの構造物の静定・不静定の見分け方は，**判別式**を用いる方法と**視察**による方法がある．判別式を用いる方法は，必要条件ではあるが十分条件にはならないので注意し，視察による方法をも加味して判定するのがよい．

◉ 1・1 判別式による方法

> ☞ **必ず覚える！公式 11**
>
> 判別式　$s + r + n - 2k = m$　　　　　　　　　　　　　　　　(2・1)
>   このときの m を不静定次数という．
> $\begin{cases} m < 0 \text{ のとき，不安定構造物となる．} \\ m = 0 \text{ のとき，静定構造物となる．} \\ m > 0 \text{ のとき，不静定構造物となる．} \end{cases}$
>
> s：部材の数
>   すべての部材を数える．
> r：剛節接合の数（表 2・1 参照）
>   各節点において，表 2・1 の剛節接合数を加え合わせる．
>   ピンで接合されている部材は加え合わせないこと．
>
> 表 2・1　剛節接合の数
>
>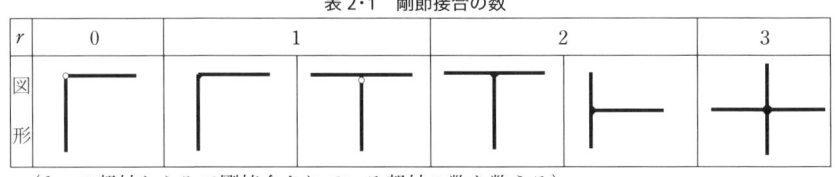
>
> （1 つの部材からみて剛接合されている部材の数を数える）

n：反力の数（表2・2参照）

表2・2　支点の種類と反力の数

支点	移動支点	回転支点	固定支点
図形	垂直反力（V）	水平反力（H）　垂直反力（V）	水平反力（H）　支持モーメント（R_M）　垂直反力（V）
反力数	1	2	3

k：節点の数
　支点，自由支点も1節点と数える．部材の両端には必ず節点がある．

❖ちょっとMEMO—判別式が必要条件のみで十分条件にならない証明

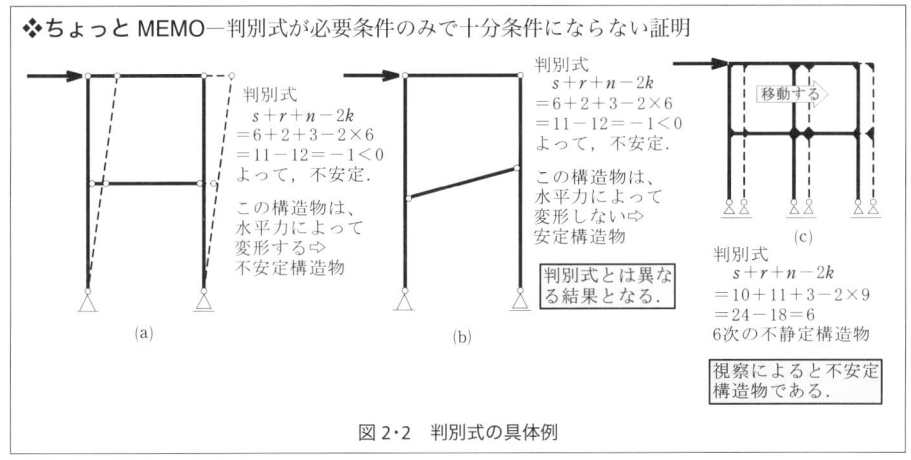

図2・2　判別式の具体例

◉ 1・2　視察による方法

① 不安定構造物の確認

　まず，変形しないか，移動しないかのチェックを行う．図2・2の(c)のように，判別式では安定構造物で，不静定構造物となるが，視察によると，水平力によって移動するので，不安定構造物となる．

② 静定・不静定構造物の確認

　安定構造物のうち，次に述べる**視察の条件**を適用することによって不安定になるものが静定構造物，それでもまだ安定であるものが不静定構造物となる．このとき，静定構造物になるまでに取り除いた部材数や支持・拘束力をゆるめた数の合計を**不静定次数**という．

視察の条件

① **骨組から部材を1本取り除く**
　図2・3(a)のように，部材（筋かい）を1本取り除いても，まだ安定している構造物は不静定構造物，もう1本取り除くと不安定構造物になる場合，もとの構造物を1次の不静定構造物という．

② **節点の拘束力をゆるめる―剛節点をピン節点にする**
　図2・3(a)のように，節点の拘束力を1つゆるめても，まだ安定している構造物は不静定構造物，もう1つゆるめると不安定構造物になる場合，もとの構造物を1次の不静定構造物という．

③ **支点の支持をゆるめる―反力の数を1つ少なくする**
　図2・3(b)のように，固定支点を回転支点に，回転支点を移動支点にと，支点の支持を3つゆるめても，まだ安定している構造物は不静定構造物，さらにもう1つゆるめると不安定構造物になる場合，もとの構造物を3次の不静定構造物という．なお，単純ばり系や片持ばり系のはりやラーメンが安定構造物であるためには，**反力数は3以上なければならない**．

図2・3に不静定構造物→静定構造物→不安定構造物のパターン例を示す．

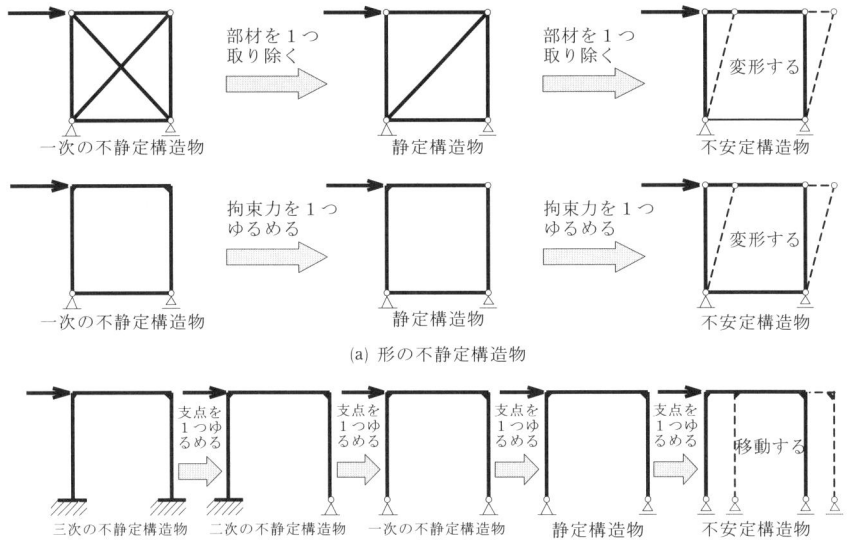

(a) 形の不静定構造物

(b) 支持の不静定構造物

図2・3　不静定構造物の変化

では，実際の出題例で解き方を学んでみよう．

出題例1 次の架構のうち，不安定構造物はどれか．

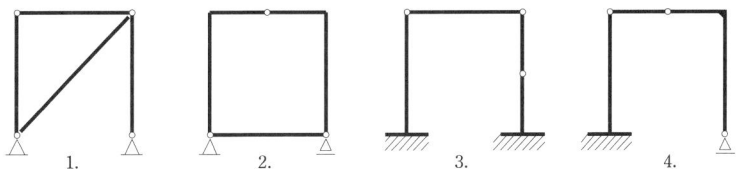

解答例

まず視察によって，移動・変形の有無を確認する．

図2・4(b)のように外力を作用させると，4.の移動支点が左に移動し，骨組が変形する．

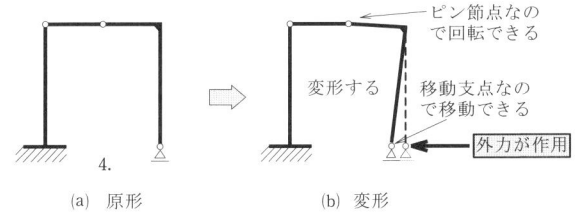

(a) 原形　　(b) 変形

図2・4　視察による解法

次に，判別式(2・1)を活用して，不安定構造物を見つけだす．

基本事項の確認

判別式 $s + r + n - 2k = m$ より，$m < 0$ のときが，不安定構造物である．このとき，部材数，剛節接合数，反力数，節点数は，図2・5を参考にするとよい．図は，出題例1の選択肢2を例に解説する．

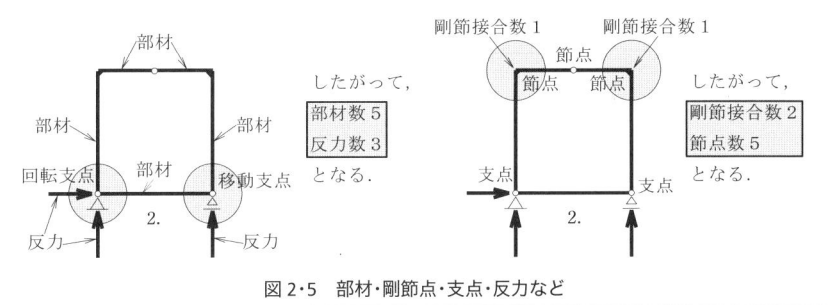

図2・5　部材・剛節点・支点・反力など

---

1. $s = 4$, $r = 0$, $n = 4$, $k = 4$

　　したがって，$4 + 0 + 4 - 2 \times 4 = 0$　　∴静定構造物

2. $s=5$, $r=2$, $n=3$, $k=5$
   したがって，$5+2+3-2\times5=0$　　∴静定構造物
3. $s=4$, $r=0$, $n=6$, $k=5$
   したがって，$4+0+6-2\times5=0$　　∴静定構造物
4. $s=4$, $r=1$, $n=4$, $k=5$
   したがって，$4+1+4-2\times5=-1<0$　　∴不安定構造物
   よって，4.が正解．

❷ 静定ばりの応力

　静定ばりには，回転支点と移動支点の2つの支点で支持された**単純ばり**と，固定支点1つで支持された**片持ばり**とがあり，いずれも力のつり合い条件から反力や応力を求めることができる構造物である．

　力がつり合うということは，物体や構造物にいくつかの力が同時に作用していても，移動も回転もしないで静止している状態にあることをいう．

　物体が静止していることを解説すれば，移動には水平方向と垂直方向があり，水平方向（X軸方向）に移動しないことは，そのとき作用している力（X軸方向の力や斜め方向の力の水平分力など）の総和が0（$\Sigma X=0$）であることを表し，垂直方向（Y軸方向）に移動しないことは，そのとき作用している力（Y軸方向の力や斜め方向の力の垂直分力など）の総和が0（$\Sigma Y=0$）であることを表す．また，回転しないということは，そのとき作用しているモーメントの総和が0（$\Sigma M=0$）であることを表す．これらをまとめると次のようになる．

☞ **必ず覚える！ 公式12**

力のつり合い条件 $\begin{cases} \Sigma X=0 & (X\text{軸方向の力の総和が0になる}) \\ \Sigma Y=0 & (Y\text{軸方向の力の総和が0になる}) \\ \Sigma M=0 & (\text{モーメントの総和が0になる}) \end{cases}$ 　　(2・2)

　単純ばりを解くには，まず始めに，反力を求めることが重要である．

　反力とは，構造物に外力が作用したとき，それに対応して支点に生ずる力をいう．支点は，構造物に荷重が作用しても安全に支えるため，その支持部分が移動や回転を起こさないように拘束しており，支点を拘束することによって反力が生ずるのである（表2・2参照）．

　このとき，外力と反力はつり合っている．したがって，はりやラーメンなどの静定構造物は，力のつり合い条件を用いれば反力を求めることができる．

　反力を求めるときの符号は，表2・3のように，水平方向は**右向きが正**（＋），垂直方

向は**上向きが正（＋）**とし，モーメントは**時計回りを正（＋）**とする．

反力が求まれば，応力を計算することができる．

応力には，表2・4のような，軸方向力，せん断力，曲げモーメントの3種類がある．

応力の符号は，軸方向力においては**引張力を正（＋）**とし，**圧縮力を負（－）**とする．せん断力においては**時計回りのずれを正（＋）**とし，**反時計回りのずれを負（－）**とする．曲げモーメントにおいては**下に凸を正（＋）**とし，**上に凸を負（－）**とする（表2・4参照）．

表2・3 力の符号

力の向き	水平方向の力		垂直方向の力	
	右向き	左向き	上向き	下向き
符号	＋	－	＋	－

表2・4 応力の種類

軸方向力 N	せん断力 Q	曲げモーメント M
外力が材軸方向に作用するとき，部材内部に生ずる力	外力が材軸に直角方向に作用するとき，部材内部に生ずる力	外力が部材を曲げようとするとき，部材内部に生ずるモーメント
引張力（＋） ／ 圧縮力（－）	時計回りのずれ（＋） ／ 反時計回りのずれ（－）	下に凸（＋） ／ 上に凸（－）

建築士試験では，すべての応力を解く問題は出題されない．ある点の曲げモーメントが0になるときの荷重の比などパターンで覚えることができるものが多い．

パターン1 集中荷重 P_1 と P_2 のつり合いから，荷重の比を求める問題．
パターン2 集中荷重 P とモーメント荷重 M のつり合いから，M の値を求める問題．
パターン3 集中荷重 P と等分布荷重 wl のつり合いから，比を求める問題．

いずれのパターンもはね出しばりになっていることに注目する．このとき，はね出し側の支点を中心に，**やじろべいのつり合い**が構成されている．すなわち，はね出しばりの特徴として，"はね出し側の支点の右側から計算したモーメントの値と左側から計算したモーメントの値の絶対値は等しい"ということがあるので，この**支点を中心に左右のモーメントがつり合っている**ことになる．

では，実際の出題例を解いてみよう．

【出題例2】 集中荷重 P_A, P_B を受ける荷重において，支点間の中央の点 A に曲げモーメントが生じないようにするための P_A と P_B の比として，正しいものは，右のうちどれか．

$P_A : P_B$
1. 1 : 4
2. 1 : 2
3. 2 : 1
4. 4 : 1

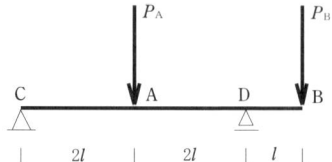

[解答例]

$M_A = 0$ の条件より，A 点の曲げモーメントが 0 となるためには，

$M_A = V_C \times 2l = 0$

となり，$V_C = 0$ となる．

よって，C—A 間の曲げモーメントは 0 となる．

図 2・6 において，D 点で支えて，P_A による右側のモーメントと P_B による左側のモーメントがつり合っている場合の様子を，本書では，"**やじろべいのつり合い**" と呼ぶことにする．

$\Sigma M_D = 0$ より，$-P_A \times 2l + P_B \times l = 0$

∴ $2P_A = P_B$　$P_A : P_B = 1 : 2$

よって，2. が正解．

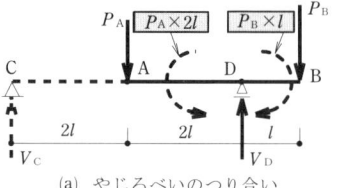

(a) やじろべいのつり合い

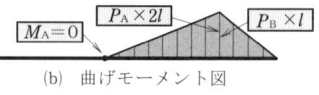

(b) 曲げモーメント図

図 2・6　やじろべいのつり合い①

【出題例3】 点 B に曲げモーメント M と点 C に集中荷重 P を受ける場合，支点間中央の点 A に曲げモーメントが生じないようにするための M の値として，正しいものは，右のうちどれか．

1. $Pl/2$
2. $2Pl/2$
3. Pl
4. $2Pl$

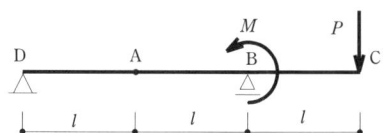

[解答例]

$M_A = 0$ の条件より，A 点の曲げモーメントが 0 となるためには，

$M_A = V_D \times l = 0$

となり，$V_D = 0$ となる．よって，D—A—B 間の曲げモーメントは 0 となる．

図 2・7 において，B 点に生じるモーメント荷重 M と C 点に作用している集中荷重 P によるモーメント Pl がつり合うことになるから，

$\Sigma M_B = 0$ より，

$-M + P \times l = 0$　∴ $M = P \cdot l$ となる．

よって，3. が正解．

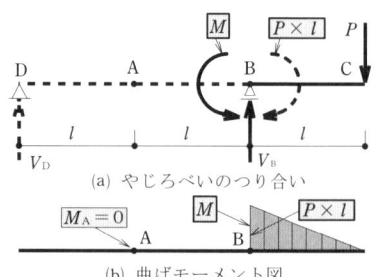

図 2・7　やじろべいのつり合い②

出題例4 図のような荷重を受けるはりにおいて，A点に曲げモーメントが生じないようにするためのPとwlの比として，正しいものは，右のうちどれか．

$P : wl$
1. $1 : 3$
2. $1 : 2$
3. $1 : 1$
4. $2 : 1$

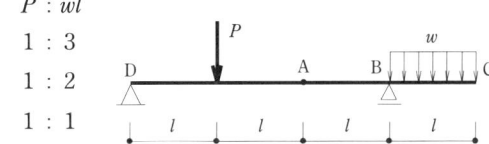

[解答例]

$M_A = 0$ の条件より，

$$M_A = V_D \times 2l - P \times l = 0 \quad \therefore V_D = \frac{P}{2}$$

となる．

図2・8において，B点に生じる左右の曲げモーメントは等しい（図(b)参照）．B点の左側のモーメント，$\Sigma M_{B(左側)} = 0$ より，

$$_左 M_B = \frac{P}{2} \times 3l - P \times 2l = -\frac{Pl}{2}$$

B点の右側のモーメント，$\Sigma M_{B(右側)} = 0$ より，

$$_右 M_B = wl \times \frac{l}{2} = \frac{wl^2}{2}$$

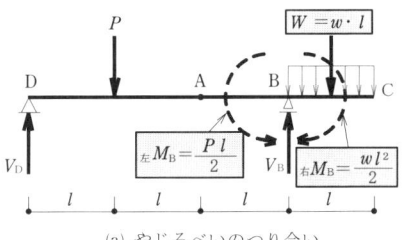

(a) やじろべいのつり合い

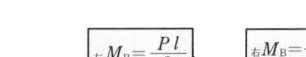

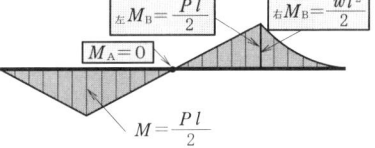

(b) 曲げモーメント図

図2・8 やじろべいのつり合い③

以上より，B点の左側と右側のモーメントが等しいことから，

$$\frac{Pl}{2} = \frac{wl^2}{2} \quad \therefore P : wl = 1 : 1$$

よって，3．が正解．

❸ 静定ラーメンの応力

静定ラーメンには，**単純ばり系ラーメン，片持ばり系ラーメン，3ヒンジ系ラーメン**がある．いずれの構造物も力のつりあい条件（$\Sigma X = 0$，$\Sigma Y = 0$，$\Sigma M = 0$）より反力および応力を求めることができる．

3ヒンジ系ラーメンでは，反力が4つあるので通常のつり合い条件に，**ピンの点でモーメントが0になる条件**（もう1つの $\Sigma M = 0$）を加えて解くことになる．

> **必ず覚える！公式 13** (3ヒンジ系ラーメンの場合)

力のつり合い条件 $\begin{cases} \Sigma X = 0 \\ \Sigma Y = 0 \\ \Sigma M = 0 \text{（支点でのつり合い）} \\ \Sigma M = 0 \text{（ピン節点でのつり合い）} \end{cases}$ (2・3)

● 3・1 単純ばり系ラーメン

単純ばり系ラーメンは，反力を求めなければ応力を求めることができない構造物である．単純ばり系ラーメンの出題パターンを大きく分けると，ある点の曲げモーメントの値を計算から導き出す問題，正しい曲げモーメント図を選ぶ問題などがあり，パターン分けすると，次のようになる．

パターン1 正しい曲げモーメント図を選ぶ問題．
パターン2 ある点の曲げモーメントが0になるときの，荷重の値を求める問題．
パターン3 ある点の曲げモーメントの値を求める問題．

正しい曲げモーメント図を選ぶ問題などでは，次のチェック項目を十分に理解しておけば，正解が簡単に見分けられることもある．

> **必ず覚える！ 重要事項**
>
> ① 移動端側の柱に荷重が作用しない場合は，その柱にせん断力も曲げモーメントも生じない（図2・9参照）．
> ② 支持端に上下の差がある場合は，ふつう，移動端側の反力を先に求めると楽である（図2・9参照）．
> ③ 曲げモーメント図は，部材の引張側に描くのを原則とする．
>
>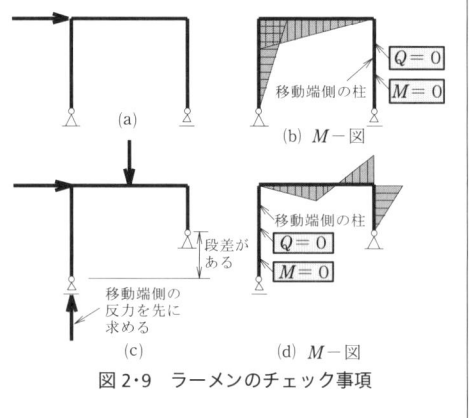
>
> 図2・9 ラーメンのチェック事項

では，実際の出題例にこの重要事項をあてはめて解いてみよう．

出題例5 図のような荷重 P を受けるラーメンの曲げモーメント図として，正しいものは，次のうちどれか．ただし，曲げモーメント図は，材の引張側に描くものとする．

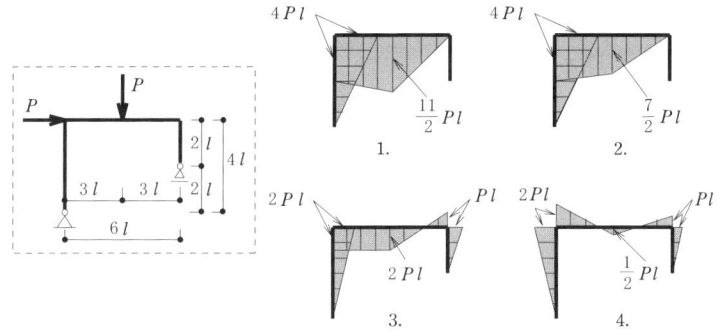

解答例

重要事項①より，移動端側の柱には曲げモーメントが生じない．よって，正解は1.か2.に絞られる．E点の曲げモーメントを求めないと正解は得られない．

重要事項②より，支持端に上下の差がある場合は，ふつう，移動端側の反力を先に求めるとよい．

図2·10において，$\Sigma M_A = 0$ より，

$P \times 4l + P \times 3l - V_B \times 6l = 0$

$\therefore V_B = \dfrac{4Pl + 3Pl}{6l} = \dfrac{7P}{6}$ （上向き）

したがって，

$M_E = V_B \times 3l = \dfrac{7P}{6} \times 3l = \dfrac{7Pl}{2}$

よって，2.が正解．

<参考>
他の反力は次のようになる．
$V_A = \dfrac{P}{6}$ （下向き）
$H_A = P$ （左向き）

出題例6 図のような荷重 P を受けるラーメンの曲げモーメント図として，正しいものは，右のうちどれか．ただし，曲げモーメント図は，材の引張側に描くものとする．

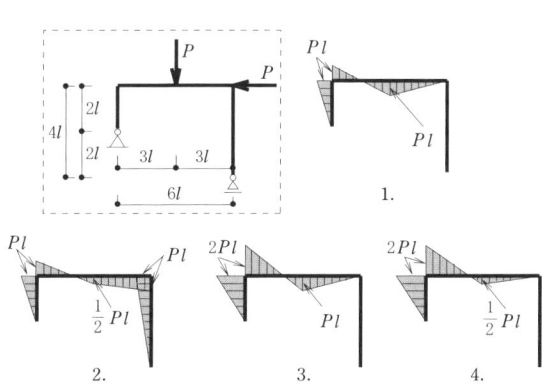

[解答例]
重要事項①より，移動端側の柱には曲げモーメントが生じない．よって，正解は1.，3.，4.に絞られる．C点およびE点の曲げモーメントを求めないと正解は得られない．

重要事項②より，支持端に上下の差がある場合は，ふつう，移動端側の反力を先に求めるとよい．

図2・11において，$\Sigma M_A = 0$ より，
$$P \times 3l - P \times 2l - V_B \times 6l = 0$$
$$\therefore V_B = \frac{3Pl - 2Pl}{6l} = \frac{P}{6} \quad (\text{上向き})$$

したがって，
$$M_E = V_B \times 3l = \frac{P}{6} \times 3l = \frac{Pl}{2}$$

また，$H_A = P$ より，$M_C = H_A \times 2l = 2Pl$
よって，4.が正解．

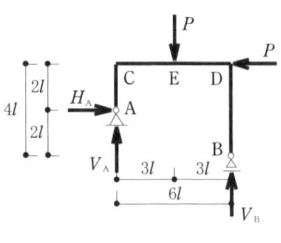

図2・11

<参考>
他の反力は次のようになる．
$$V_A = \frac{5P}{6} \quad (\text{上向き})$$
$$H_A = P \quad (\text{右向き})$$

[出題例7] 図のような骨組において，C点に αP の鉛直荷重が，B点に P の水平荷重が同時に作用したとき，C点における曲げモーメントが0になるための α の値として，正しいものは，右のうちどれか．

1. 1.0
2. 2.0
3. 3.0
4. 4.0

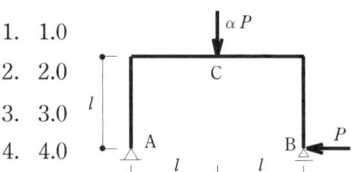

[解答例]
この問題は，きちんと計算をすることになる．
まず，反力を求める．A点を中心として，
$$\Sigma M_A = \alpha P \times l - V_B \times 2l = 0 \quad \therefore V_B = \frac{\alpha P}{2}$$

次に，$M_C = 0$ の条件を活用して，C点の右側のつり合いより，
$$\Sigma M_C = P \times l - \frac{\alpha P}{2} \times l = 0 \quad \therefore Pl = \frac{\alpha Pl}{2}$$
$$\alpha = Pl \times \frac{2}{Pl} = 2$$

よって，2.が正解．

3・2 片持ばり系ラーメン

片持ばり系ラーメンは，片持ばりと同様に，自由端側から応力を求めていけば，反力を求めなくても応力計算ができる構造物である．

片持ばり系ラーメンの出題パターンを大きく分けると，ある点の曲げモーメントの値が0の場合の荷重の比，曲げモーメント図から逆算して荷重の大きさを求める問題などが出題例としてある．

パターン1 ある点に曲げモーメントが生じない場合の，荷重の比．
パターン2 曲げモーメント図から逆算した場合の，荷重の値．

次に示す出題例 8，9 は，パターン 1 の例で，A 点に曲げモーメントが生じない場合の荷重 P と Q の比を求める問題である．

出題例 10 は，曲げモーメント図から荷重の大きさを類推するパターン 2 の例で，条件として固定支点 A の曲げモーメントを 0 とし，荷重 P と F の大きさを求める問題である．

出題例 8 図のような荷重を受ける骨組の A 点に，曲げモーメントが生じない場合の荷重 P と荷重 Q の比として正しいものは，右のうちどれか．

$P:Q$
1. $1:1$
2. $1:2$
3. $2:1$
4. $2:3$

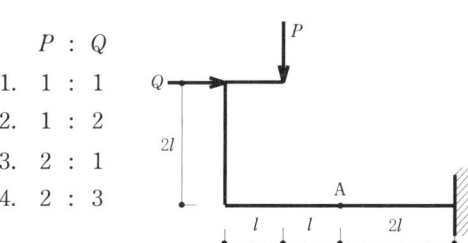

解答例

$M_A = 0$ の条件より，A 点の左側のつり合いを考えて，

$M_A = -P \times l + Q \times 2l = 0$

$P \cdot l = 2Q \cdot l \quad \therefore P:Q = 2:1$

よって，3. が正解．

出題例 9 図のような荷重を受ける片持ばり系ラーメンの A 点に，曲げモーメントが生じない場合の荷重 P と荷重 Q の比として正しいものは，右のうちどれか．

$P:Q$
1. $1:1$
2. $1:2$
3. $1:3$
4. $1:4$

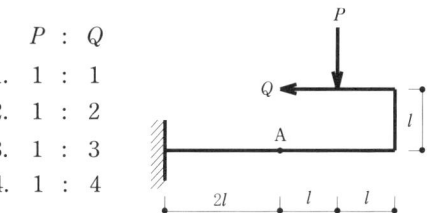

解答例

$M_A = 0$ の条件より，A 点の右側のつり合いを考えて，

$M_A = P \times l - Q \times l = 0$

$P \cdot l = Q \cdot l \quad \therefore P:Q = 1:1$ よって，1. が正解．

出題例10 図のような片持ばり系ラーメンに荷重 P, F が作用し、図のような曲げモーメント図が描けた。このときの P, F の値として正しいものは、右のうちどれか。ただし、曲げモーメントは材の引張側に描くものとし、P, F の符号は、矢印の向きを正とする。

	P	F
1.	$-1\mathrm{kN}$	$1\mathrm{kN}$
2.	$1\mathrm{kN}$	$-1\mathrm{kN}$
3.	$1\mathrm{kN}$	$1\mathrm{kN}$
4.	$2\mathrm{kN}$	$2\mathrm{kN}$

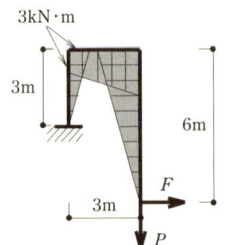

[解答例]

固定支点 A の反力を、H_A を左向きに、V_A を上向きに仮定する（図 2・12 参照）。
このとき、力のつり合い条件より、

$H_A = F$, $V_A = P$ となる。

したがって、B 点の曲げモーメントは、

$M_B = H_A \times 3\mathrm{m} = 3\mathrm{kN \cdot m}$

∴ $H_A = +1\mathrm{kN} = F$（右向き）

固定支点 A の曲げモーメントは、

$M_A = P \times 3 - F \times 3 = 0$

∴ $P = +1\mathrm{kN}$（下向き）

よって、3. が正解。

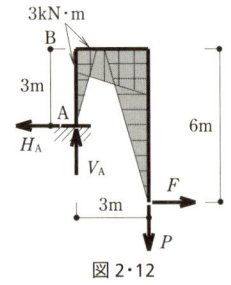

図 2・12

● 3・3　3 ヒンジ系ラーメン

3 ヒンジ系ラーメンの出題頻度は、静定ラーメンの分野の中では、40～50％程度とかなり高い確率で出題されている。また、その出題パターンは、ほとんどが曲げモーメントを求める問題である。しかし、時にはせん断力に関する問題も出題されている。

このとき、曲げモーメントやせん断力を求めようとすれば、反力が必要になる。

3 ヒンジ系ラーメンでは、鉛直荷重のみが作用する骨組でも、支点には水平反力が生じる場合がある。その大きさは、途中にあるピンの位置によって異なり、柱頭にピンがくる場合には水平反力は生じない。

その解法の手順は、力のつり合い条件を活用して、次のように求める。

解法の手順＜3ヒンジ系ラーメン＞

① まず，反力を求める．
　3ヒンジ系ラーメンでは，両支点は回転支点であるから，それぞれ反力が2つずつの合計4つが生じる．
　力のつり合い条件から導き出す式は$\Sigma X = 0$，$\Sigma Y = 0$，$\Sigma M = 0$の3つであるが，骨組の途中にあるピンの点でモーメントが0になる式$\Sigma M = 0$を1つ加えて4つにし，この4元1次方程式を解けばすべての反力が求まることになる（「**必ず覚える！公式13**」参照）．
　これを具体的に解説する（図2・13(a)参照）．

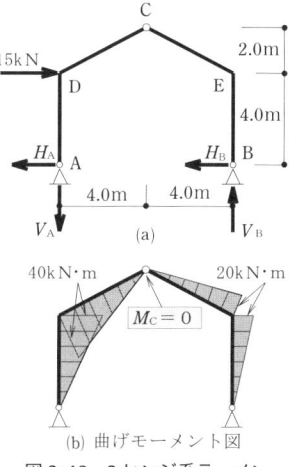

a. $\Sigma M_B = 0$ より，垂直反力V_Aを求める．
　　$15 \times 4 - V_A \times 8 = 0$
　　$\therefore V_A = 7.5\text{kN}$（下向き）
b. $\Sigma Y = 0$ より，垂直反力V_Bを求める．
　　$-7.5 + V_B = 0$
　　$\therefore V_B = 7.5\text{kN}$（上向き）
c. $\Sigma X = 0$ より，水平反力を求める．
　　$P - H_A - H_B = 0$
　　$H_A + H_B = P = 15\text{kN}$
　これ以上は解けない．
　そこで骨組の途中にあるピンの点Cでモーメントが0になることを活用して解く．
d. $\Sigma M_C = 0$ より，水平反力H_Bを求める．
　　このとき，C点の左半分か右半分のつり合いを考える．3ヒンジ系ラーメンの特徴は，ピンの点Cで切り離したとき，左半分と右半分が

(b) 曲げモーメント図

図2・13　3ヒンジ系ラーメン

ともに"つり合いが保たれている"ことである．したがって，左半分か右半分のどちらか一方のつり合いから水平反力を求める．ここでは，外力の数の少ない右半分を考える．
　　$H_B \times 6 - V_B \times 4 = 0$
　　$\therefore H_B = (7.5 \times 4)/6 = 5\text{kN}$（左向き）
　　$\langle H_A = 15 - 5 = 10\text{kN}$（左向き）$\rangle$

② 次に，問題に指示された点の曲げモーメントを求める．
　ここでは，D，E，C点の曲げモーメントを求めてみよう．
　　$M_D = H_A \times 4 = 10 \times 4 = 40\text{kN·m}$
　　$M_E = H_B \times 4 = 5 \times 4 = 20\text{kN·m}$
　　$M_C = H_A \times 6 - 15 \times 2 - 7.5 \times 4 = 60 - 30 - 30 = 0$
　やはり，C点の曲げモーメントは0である．
　曲げモーメント図を描くと，図2・13(b)のようになる．

では，実際の出題例を解いてみよう．

出題例11 図のような荷重を受けるラーメンにおいて，A点における曲げモーメントの大きさとして正しいものは，次のうちどれか．

1. $5Pl$
2. $10Pl$
3. $15Pl$
4. $20Pl$

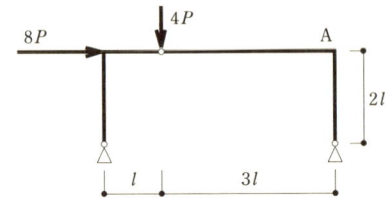

[解答例]

　3ヒンジ系ラーメンの問題を解くには，反力が4つあるから，力のつり合い条件，$\Sigma X = 0$，$\Sigma Y = 0$，$\Sigma M = 0$のほかに，ピンの点Dにおける$\Sigma M = 0$を加えた4つの式を活用して解く．

　具体的には，支点における$\Sigma M = 0$から垂直反力を，ピンの点における$\Sigma M = 0$から水平反力を求める．

　まず，反力を図2・14(a)のように仮定する．

解法の手順①—a. から，

$\Sigma M_B = 0$ より，

$$8P \times 2l + 4P \times l - V_C \times 4l = 0$$

$$\therefore V_C = \frac{16Pl + 4Pl}{4l} = 5P \quad (上向き)$$

　続いて，ピンの点Dの右側半分のつり合いを考えて，**解法の手順①—d.** から，

$\Sigma M_D = 0$ より，

$$H_C \times 2l - V_C \times 3l = 0$$

$$\therefore H_C = \frac{5P \times 3l}{2l} = 7.5P \quad となる．$$

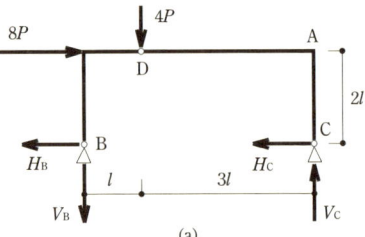
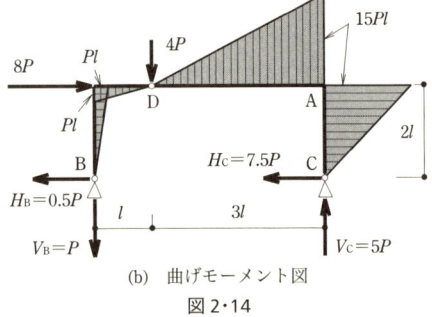

(b) 曲げモーメント図
図2・14

したがって，A点の曲げモーメントは，**解法の手順②**から，

$$M_A = H_C \times 2l = 7.5P \times 2l = 15Pl$$

よって，3.が正解．

なお，曲げモーメント図を描くと，図2・14(b)のようになる．

出題例12 図のような荷重を受ける3ヒンジ系ラーメンにおいて，A点およびB点に生じる曲げモーメントの大きさの組合せとして正しいものは，右のうちどれか．

	A点	B点
1.	$\dfrac{2Pl}{3}$	$\dfrac{4Pl}{3}$
2.	$\dfrac{4Pl}{3}$	$\dfrac{2Pl}{3}$
3.	$\dfrac{5Pl}{3}$	$\dfrac{4Pl}{3}$
4.	$\dfrac{5Pl}{3}$	$2Pl$

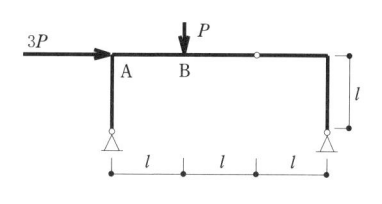

[解答例]

まず，反力計算を行う．図 2・15 のように反力の向きを仮定する．

解法の手順①―a. から，

$\Sigma M_D = 0$ より，$-V_C \times 3l + 3P \times l - P \times 2l = 0$

$\therefore V_C = \dfrac{3Pl - 2Pl}{3l} = \dfrac{P}{3}$ （下向き）

$\Sigma Y = 0$ より，$-V_C - P + V_D = 0$

$\therefore V_D = \dfrac{P}{3} + P = \dfrac{4P}{3}$ （上向き）

骨組の途中にあるピンの点Eでモーメントが0になることを活用して水平反力H_Cを求める．E点の左側のつり合いを考えて，**解法の手順①―d.** から，$\Sigma M_E = 0$（左側）

$H_C \times l - V_C \times 2l - P \times l = 0$

$H_C \times l - \dfrac{P}{3} \times 2l - Pl = 0$

$\therefore H_C = \dfrac{2Pl + 3Pl}{3l} = \dfrac{5P}{3}$

$H_D = 3P - \dfrac{5P}{3} = \dfrac{4P}{3}$

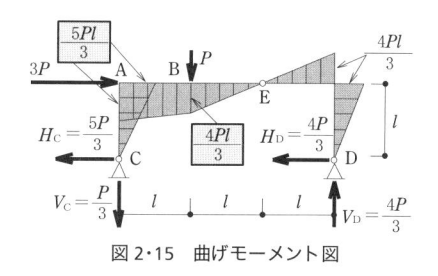

したがって，A点の曲げモーメントは，

$M_A = H_C \times l = \dfrac{5P}{3} \times l = \dfrac{5Pl}{3}$

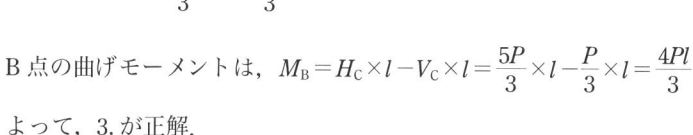

B点の曲げモーメントは，$M_B = H_C \times l - V_C \times l = \dfrac{5P}{3} \times l - \dfrac{P}{3} \times l = \dfrac{4Pl}{3}$

よって，3.が正解．

図 2・15　曲げモーメント図

出題例 13　図のような荷重を受けるラーメンにおいて，AB間にせん断力が生じないX点がある．A点とX点との距離の値として，正しいものは，次のうちどれか．

1. 1.5m
2. 2.0m
3. 2.5m
4. 3.0m

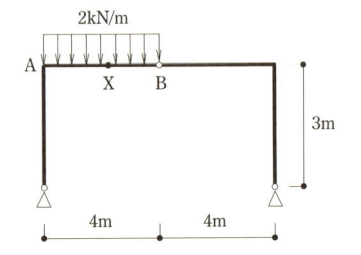

[解答例]

この問題は，部材を仮に切断して，そこに生じる応力をつり合いから求める問題である．

図2・16のように反力を仮定して，

$\Sigma M_D = 0$ より，

$V_C \times 8 - W \times 6 = 0$

$\therefore V_C = \dfrac{8 \times 6}{8} = 6\text{kN}$（上向き）

図2・17のようにX点で仮に切断し，応力Q_Xを仮定して，

$\Sigma Y = 0$ より，

$V_C - W' - Q_X = 0$

X点でせん断力が0である条件から，

$Q_X = V_C - W'$

$= 6 - 2x = 0$

$\therefore x = \dfrac{6}{2} = 3\text{m}$ となる．

よって，4.が正解．

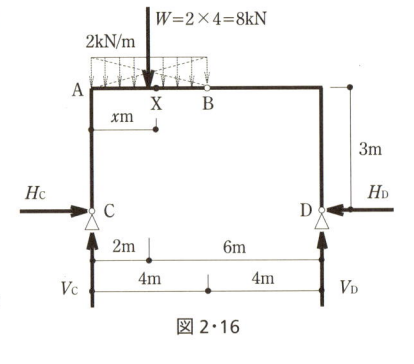

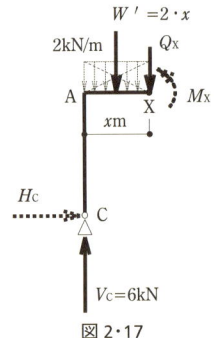

図2・16

図2・17

● 3・4　合成骨組

ラーメンとトラスを組合せた骨組を**合成骨組**という．

この構造物も静定構造物であるから，力のつり合い条件を活用して反力や応力を求めることができる．支点は，回転支点と移動支点の組合せが多いが，回転支点と回転支点のこともある．このときは，3ヒンジ系のラーメンとして解く．

特に，途中にあるピンの点ではモーメントが0になることや，両端がピンである部材

はトラス部材と考えて**軸方向力のみ**が働くことなど，合成骨組独自のパターンもチェックする必要がある．

出題例 14 図のような荷重Pを受ける骨組において，各部材の軸方向力に関する記述のうち誤っているものはどれか．

1. AB 部分には，引張力が作用している．
2. BD 部分には，引張力が作用している．
3. DE 部分には，軸方向力が作用していない．
4. EG 部分には，圧縮力が作用している．

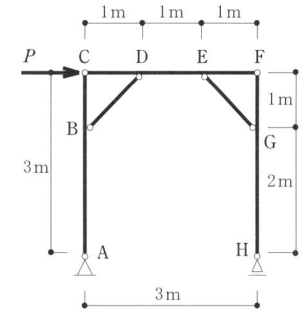

[解答例]

まず，反力から求める．図 2・18 のように反力の向きを仮定する．
H 点のつり合いを考えて，
  $\Sigma M_H = 0$ より，
  $-V_A \times 3 + P \times 3 = 0$ ∴ $V_A = P$（下向き）
  $\Sigma Y = 0$ より，
  $-V_A + V_H = 0$ ∴ $V_H = V_A = P$（上向き）
  $\Sigma X = 0$ より，
  $P - H_A = 0$ ∴ $H_A = P$（左向き）
向きは，仮定の通りである．
図 2・19 において，AB 材の軸方向力を求める．
  $\Sigma Y = 0$ より，$N_{AB} - V_A = 0$
  ∴ $N_{AB} = V_A = P$（引張力）

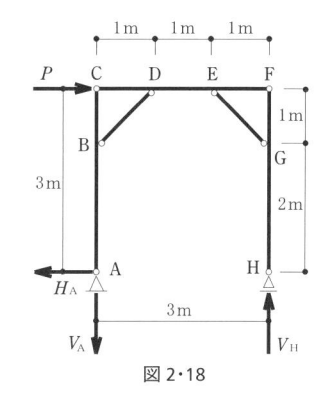

A 点の反力 V_A は下向きで，支点 A を引っ張っているから，AB 部材には**引張力**が作用している．

次に，BD 材の軸方向力を求める（図 2・19 参照）．
N_{BD} を節点を引く向きに仮定して，
  $\Sigma M_C = 0$ より，$H_A \times 3 - N_{BD}\cos 45° \times 1 = 0$

  $N_{BD} = \dfrac{3P}{\cos 45°} = 3\sqrt{2}P$（引張力）

したがって，BD 部材には**引張力**が作用している．
CD 部材の軸方向力を求める（図 2・19 参照）．
N_{CD} を節点を引く向きに仮定して，$\Sigma X = 0$ より，

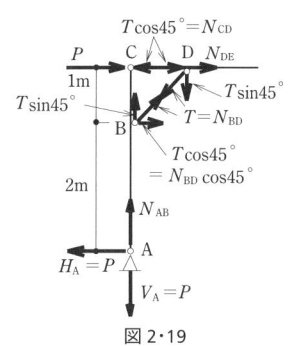

図 2・18

図 2・19

$$-H_A + N_{BD}\cos 45° + P + N_{CD} = 0$$
$$\therefore N_{CD} = P - 3P - P = -3P \quad (圧縮力)$$

したがって，CD 部材には**圧縮力**が作用している．
DE 材の軸方向力を求める（図 2・19 参照）．
N_{DE} を節点を引く向きに仮定して，$\Sigma X = 0$ より，
$$-H_A + N_{BD}\cos 45° + P - N_{BD}\cos 45° + N_{DE} = 0$$
$$\therefore N_{DE} = P - 3P - P + 3P = 0$$

DE 材には**軸方向力が生じない**ことになる．
図 2・20 において，EG 材の軸方向力を求める．
　　$\Sigma M_F = 0$ より，
　　$V_H \times 0 + N_{EG}\cos 45° \times 1 = 0$
　　$\therefore N_{EG} = 0$

EG 部材には**軸方向力が作用していない**．
　"移動支点側の方づえには，軸方向力は生じない" といえる．
　なお，H 点の反力 V_H は上向きで，支点 H を押しているから，GH 部材には圧縮力が作用していることになる．
　よって，4. が正解．

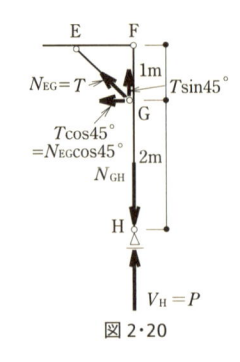

図 2・20

第3章 静定トラスの応力

本章で取り上げる静定トラスの出題頻度は，10年間で9～10問と"ほぼ毎年出題されている"という高い頻度を示している．なかでも**切断法**は，出題回数が多く，確実に解くことができれば得点アップにつながるから，基本的な事項を中心にしっかりした学習が必要である．

本章では，まず，過去問の中から，切断法による算式解法，節点法による算式解法・図式解法の3種類から典型的な問題をピックアップして解説した．

具体的には，次のような方法を示した．

- 特定の1部材の軸方向力の大きさを求める問題には**切断法による算式解法**を活用
- 数力の部材の引張力，圧縮力を踏まえた軸方向力の大きさを問う問題には**節点法による算式解法**を活用
- ただ単に，複数の部材の引張力，圧縮力の組合せを問う問題には**節点法による図式解法（クレモナ図解法）**を活用

いずれの方法にしても，トラスの部材に生ずる力は**軸方向力のみ**である．
すなわち，トラスを解く場合には，次のような仮定を設ける．

① 節点は，すべてピンとみなす．
② 部材は，すべて直線材である．
③ 骨組は，三角形を基本として構成されていて，その材軸は1点で交わる．
④ 外力（荷重および反力）は，節点に作用する．
⑤ 部材の伸縮などの変形は極めて小さく，部材に生ずる力を求めることには影響しない．

以上の仮定より，複雑な影響が除かれ，両端がピンの部材の集合体で，外力が節点のみに作用する骨組となり，トラス部材には軸方向力のみが生じ，せん断力や曲げモーメントは生じない．

数値計算を行う切断法や節点法では，軸方向力の向きを切断点や節点を**引張る向きに仮定**して計算するとよい．

クレモナ図解法では，部材に生ずる力が**引張力（＋）**であるか**圧縮力（－）**であるかの区別が重要である（図3・1参照）．この区別は，**節点を中心**に考え，節点を引く力の場合が引張力で，節点を押す力の場合が圧縮力となる．

これらの点を考慮し，確実に得点できるような学

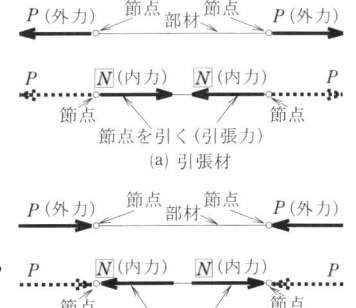

図3・1 引張材と圧縮材の区別

習を心掛けることが大切である．

トラスの出題傾向としては，次のようなパターンがある．

パターン1 ある特定の1部材の軸方向力の大きさおよび引張力（＋），圧縮力（－）を**切断法による算式解法（リッターの切断法）**で解く問題．

パターン2 3～5部材の軸方向力の大きさを**節点法による算式解法**で解いて，組合せる問題．

パターン3 3～5部材の軸方向力の引張力（＋），圧縮力（－）を**クレモナ図解法**を用いて見分ける問題．時には，寸法や角度が記入されていない場合もある．

1 切断法によるトラスの解法

切断法は，トラスの解法の中で最も出題頻度が高い分野である．

切断法は，**特定の1部材**の軸方向力を算式で求める解法（**リッターの切断法**）である．

☞ **必ず覚える！ 公式14**

リッターの切断法

力のつり合い条件 $\begin{cases} \Sigma M = 0 \quad \text{または} \\ \Sigma X = 0, \ \Sigma Y = 0 \end{cases}$ (3・1)

リッターの切断法の解法の手順を次に示す．

解法の手順＜リッターの切断法＞
① まず，力のつり合い条件を用いて，支点の反力を求める．
② 求めようとする部材を含む3部材以下の部分で仮に切断する．
③ 部材の切断面を引っ張る方向に軸方向力の向きを仮定する．
④ 荷重・反力および軸方向力について，力のつり合い条件（$\Sigma M = 0$ または $\Sigma X = 0$, $\Sigma Y = 0$）を活用して軸方向力を求める．
⑤ 軸方向力が引張力か，圧縮力かを判断する．
　当初仮定した軸方向力が，＋で算出された場合は仮定が正しいと同時に，**引張力**であり，－で算出された場合は仮定と逆であると同時に，**圧縮力**である．

---

④に示した力のつり合い条件 $\Sigma M = 0$ を活用するときのモーメントの中心点の取り方を次に示す．

モーメントの中心点の取り方
　図3・2のように，トラス部材を3部材以下の部分で仮に切断すると，切断面（a－a）に3つの力 N_{BD}, N_{CD}, N_{CC}' が生じる．この力を切断点を引っ張る向きに仮定する．
　この仮定した力（応力）と荷重・反力（外力）とで力のつりあい条件を適用することによって部材に生じる仮定した力（軸方向力）を求めることができる．

このとき，求めようとする力以外の2つの力は不要となる．それらの不要な力の作用線が交わる点を求め，この点を中心にモーメントを考えると，それらの力の**モーメントが0**となり，力が消えたことになる．

　したがって，残ったのは求めようとする力のみとなる．このとき，トラスの節点はピンであるからモーメントの合計は0になる．

　すなわち，$\Sigma M = 0$ より，求めようとする未知の力を含む1元1次方程式を作り，これを解くことによって解答が得られる．

　なお，平行弦トラスの斜材の軸方向力を求めようとする場合は，上弦材と下弦材の2部材が平行線となり，斜材を求めるために必要な交点が求まらない．

　このような場合は，斜材の軸方向力 N を X 軸または Y 軸方向に分解して求める．図3・3のような場合を例に取れば，N_{CF} の Y 軸方向の分力 $N_{CF}\sin 45°$ を用いて，$\Sigma Y = 0$ から次のように求める．

$$V_A - (P/2) - P + N_{CF}\sin 45° = 0$$

$$\therefore N_{CF} = -\frac{0.5P}{\sin 45°} = -0.5\sqrt{2}\,P \text{（圧縮力）}$$

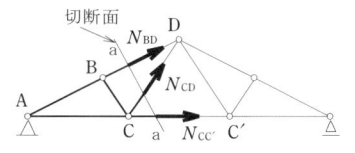

・軸方向力 N_{BD} を求める
　他の2力の作用線の交点Cを中心にモーメントを考える

・軸方向力 N_{CD} を求める
　他の2力の作用線の交点Aを中心にモーメントを考える

・軸方向力 $N_{CC'}$ を求める
　他の2力の作用線の交点Dを中心にモーメントを考える

図3・2　切断法（$\Sigma M=0$ の活用）

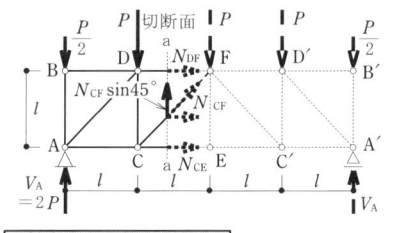

・軸方向力 N_{CF} を求める
　$\Sigma Y = 0$ より，
　$V_A - P/2 - P + N_{CF}\sin 45° = 0$
　$\therefore N_{CF} = -\dfrac{0.5P}{\sin 45°} = -0.5\sqrt{2}\,P$（圧縮力）

図3・3　切断法（$\Sigma Y=0$ の活用）

では，例題を通してその解き方を学んでみよう．

出題例 15　図のような荷重を受けるトラスにおいて，上弦材 AB に生じる軸方向力として，正しいものは，次のうちどれか．ただし，軸方向力は，引張力を「＋」，圧縮力を「－」とする．

1. $-P$
2. $-0.5P$
3. 0
4. $+P$

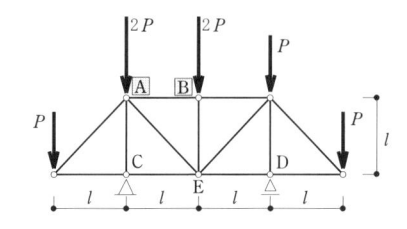

第3章　静定トラスの応力

[解答例]

① まず，反力を求める（図3・4(a)参照）．
$\Sigma M_D = 0$ より，
$V_C \times 2l - P \times 3l - 2P \times 2l - 2P \times l + P \times l = 0$
$\therefore V_C = \dfrac{3Pl + 4Pl + 2Pl - Pl}{2l} = 4P$

② AB部材を含む3部材以下の箇所a—aで仮に切断する．
図3・4(b)のa—aのように仮に切断する．

③ 部材の切断面を引っ張る向きに力（矢印）を仮定する．
図3・4(b)のように矢印を仮定する．仮定は，必ず，矢印が部材から出る方向に行う．

④ 外力（荷重・反力）と内力（軸方向力）のモーメントのつり合いを考える．
求める必要のない2力 N_{AE}, N_{CE} の作用線が交わるE点を中心に，$\Sigma M_E = 0$ を活用して軸方向力 N_{AB} を求める．
$\Sigma M_E = 0$ より，$-P \times 2l + 4P \times l - 2P \times l + N_{AB} \times l = 0$
$\therefore N_{AB} = 2P - 4P + 2P = 0$

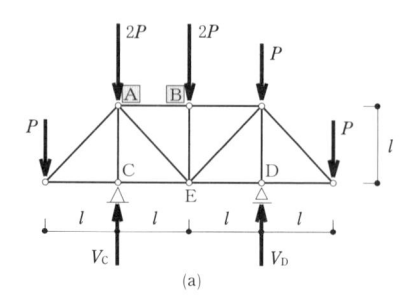

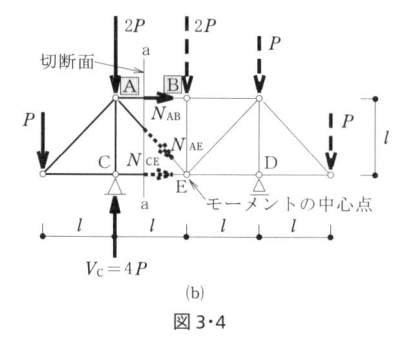

⑤ 軸方向力が引張力か，圧縮力かを判断する．
当初仮定した力が0で算出されたことは，AB部材には軸方向力が生じていないことを示している．
よって，3. が正解．

出題例16 図のような節点荷重 P を受けるトラスにおいて，部材Aに生じる軸力として，正しいものは，右のうちどれか．ただし，「＋」は引張軸力を，「－」は圧縮軸力を表すものとする．

1. $-\dfrac{1}{\sqrt{2}}P$
2. $-\dfrac{3}{4}P$
3. $+\dfrac{1}{\sqrt{2}}P$
4. $+\dfrac{3}{4}P$

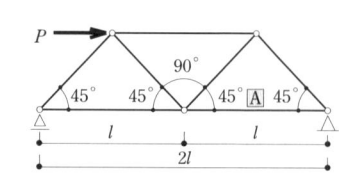

[解答例]

① まず，反力を求める（図3・5(a) 参照）．
このとき，トラスの高さは，$l/2$ となる．
$\Sigma M_C = 0$ より，
$$-V_B \times 2l + P \times (l/2) = 0$$
$$\therefore V_B = \frac{Pl}{2} \times \frac{1}{2l} = \frac{P}{4} \quad (下向き)$$

② A部材を含む3部材以下の箇所 a—a で仮に切断する（図3・5(b) 参照）．

③ 部材の切断面を引張る向きに力を仮定する（図3・5(b) 参照）．

④ 外力（荷重・反力）と内力（軸方向力）のモーメントのつり合いを考える．
求める必要のない2力の作用線が交わるD点を中心に，$\Sigma M_D = 0$ を活用して軸方向力 N_A を求める．
$\Sigma M_D = 0$ より，$-V_B \times 1.5l - N_A \times l/2 = 0$
$$\therefore N_A = -\frac{P}{4} \times 1.5l \times \frac{2}{l} = -\frac{3P}{4}$$

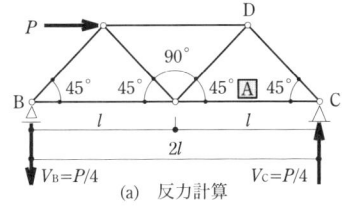

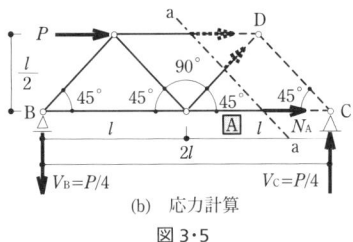

⑤ 軸方向力が引張力か，圧縮力かを判断する．
当初仮定した力が－で算出されたので，仮定した向きが間違いであると同時に**圧縮力**である．

よって，2.が正解．

図3・5

出題例 17 図のような荷重を受けるトラスにおいて，部材 CD に生じる軸方向力として，正しいものは，次のうちどれか．ただし，荷重は，図の向きを「正」とし，軸方向力は，引張力を「＋」，圧縮力を「－」とする．

1. $-\dfrac{13}{\sqrt{2}}P$
2. $-\dfrac{1}{\sqrt{2}}P$
3. $+\dfrac{1}{\sqrt{2}}P$
4. $+\dfrac{13}{\sqrt{2}}P$

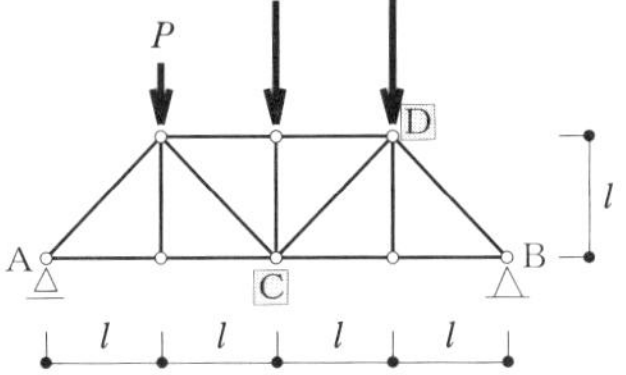

解答例

① 反力を求める（図3·6(a) 参照）．

$\Sigma M_A = 0$ より，

$P \times l + 2P \times 2l + 3P \times 3l - V_B \times 4l = 0$

$\therefore V_B = \dfrac{14Pl}{4l} = 3.5P$

② CD部材を含む3部材以下の箇所a—aで仮に切断する．

図3·6(b) のa—aのように仮に切断する．

③ 部材の切断面を引っ張る向きに力を仮定する．

図3·6(b) のように仮定する．

④ 外力（荷重・反力）と応力（内力）の Y 軸方向のつり合いを考える．このとき，斜め方向の応力 N_{CD} を分解する．

Y 軸方向の分力 $N_{CD}\sin 45°$ を用いて，$\Sigma Y = 0$ から軸方向力を求める．

$V_B - 3P - N_{CD}\sin 45° = 0$

$\therefore N_{CD} = \dfrac{3.5P - 3P}{\sin 45°} = +\dfrac{0.5P}{1/\sqrt{2}} = +\dfrac{\sqrt{2}P}{2} = +\dfrac{P}{\sqrt{2}}$

⑤ 軸方向力が引張力か，圧縮力かを判断する．

当初仮定した力が，+で算出されたので，仮定した向きが正しいと同時に，**引張力**である．

よって，3. が正解．

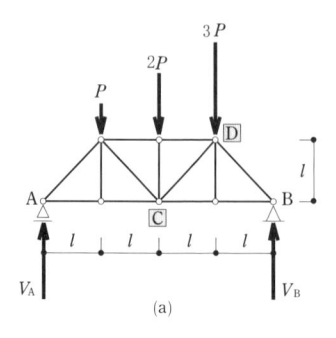

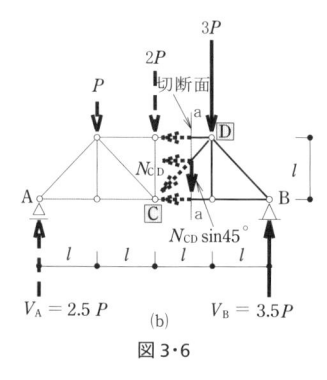

図3·6

❷ 節点法によるトラスの解法

節点法は，トラスの解法の中でも10年に1～2問程度と出題頻度が少ない分野である．節点法は，3～5部材の応力（軸方向力）を算式で求める解法である．その解法は，1点に作用する力のつり合い条件を活用する．

☞ 必ず覚える！公式15

節点法による算式解法

ある節点における力のつり合い $\begin{cases} \Sigma X = 0 \\ \Sigma Y = 0 \end{cases}$ (3·2)

このとき，斜め方向の荷重がある場合は，これを X 軸方向と Y 軸方向に分解する．

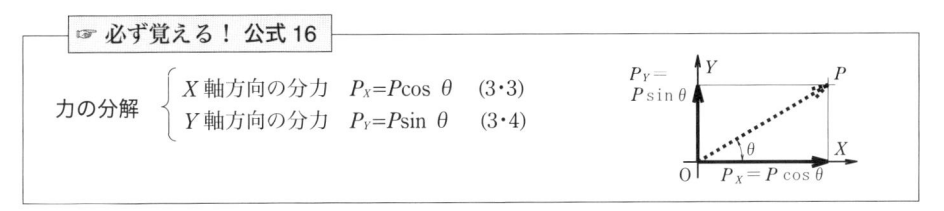

> **☞ 必ず覚える！公式 16**
>
> 力の分解 $\begin{cases} X \text{軸方向の分力} \quad P_X = P\cos\theta \quad (3\cdot3) \\ Y \text{軸方向の分力} \quad P_Y = P\sin\theta \quad (3\cdot4) \end{cases}$

また，30°や45°などの特定の角度の場合は，三角比を用いて，比から値を求めることができる．

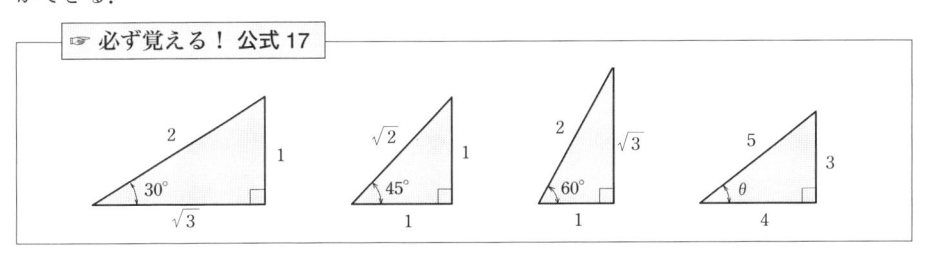

> **☞ 必ず覚える！公式 17**
>
> （30°：2, 1, $\sqrt{3}$／45°：$\sqrt{2}$, 1, 1／60°：2, $\sqrt{3}$, 1／θ：5, 3, 4）

次に，具体的な節点法による算式解法の手順を示す．

解法の手順＜節点法による算式解法＞
① まず，力のつり合い条件を用いて，支点の反力を求める．
② 次に，未知部材が2部材以下の節点で力のつり合いを考える（通常は支点から始めることが多い．片持ばり系トラスでは先端からのことが多い）．
③ 未知部材の力（軸方向力）を引っ張る方向に仮定する．
④ このとき，斜め荷重や斜めの軸方向力がある場合は，公式 (3·3)・(3·4) を用いて荷重や力を X 軸方向および Y 軸方向に分解する．
⑤ 荷重・反力および仮定した軸方向力について力のつり合い条件（$\Sigma X = 0$ および $\Sigma Y = 0$）を活用して連立方程式を立て，それを解いて軸方向力を求める．このとき，2元1次連立方程式を解くことになるが，極力，1元1次方程式を2つ作り，連立方程式としない解き方を考えるとよい．
⑥ 軸方向力が引張力か，圧縮力かを判断する．
当初仮定した軸方向力が，＋で算出された場合は**仮定が正しい**と同時に，**引張力**であり，－で算出された場合は**仮定と逆**であると同時に，**圧縮力**である．

では，出題例を通してその解き方を学んでみよう．

出題例 18 図のような荷重を受けるトラスにおいて，部材A～Eに生じる軸力として，誤っているものは，次のうちどれか．ただし，「＋」は引張軸力を，「－」は圧縮軸力を表すものとする．

部材	軸力
1. A	$+\sqrt{2}\,P$
2. B	$-P$
3. C	$+P$
4. D	$+\sqrt{2}\,P$

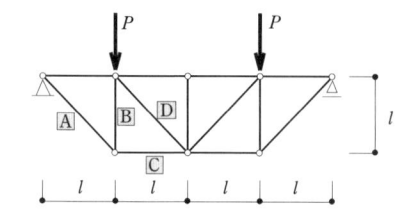

[解答例]

この問題は，4部材の軸方向力を求める問題であるから，節点法による算式解法で解く．

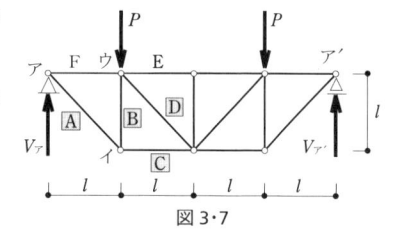

① まず，力のつり合い条件を用いて，支点の反力を求める（図3・7参照）．

$\Sigma M_{\mathcal{T}'} = 0$ より，

$V_{\mathcal{T}} \times 4l - P \times 3l - P \times l = 0$

$\therefore V_{\mathcal{T}} = P$ （上向き）

図3・7

② 次に，未知部材が2部材以下の節点で力のつり合いを考える．

単純ばり系トラスでは，最初は，支点のア節点から始めるのがよい．

続いて，イ節点，ウ節点と未知部材が2部材以下の節点に移る．

③ 未知部材の力（軸方向力）を引っ張る方向に仮定する（図3・8, 9, 10参照）．

④ このとき，A部材の軸方向力が斜め方向なので，分解してから計算する（式3・3, 3・4より）．

⑤ 荷重・反力および軸方向力についての力のつり合い条件（$\Sigma X = 0$ および $\Sigma Y = 0$）を活用して方程式を立て，それを解いて軸方向力を求める．

・ア節点（図3・8参照）

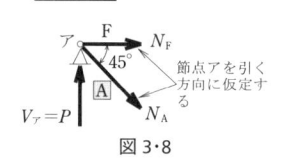

$\Sigma Y = 0$ より，

$V_{\mathcal{T}} - N_{\mathrm{A}}\sin 45° = 0$

$\therefore N_{\mathrm{A}} = \dfrac{V_{\mathcal{T}}}{\sin 45°} = \dfrac{P}{(1/\sqrt{2})} = +\sqrt{2}\,P$ （引張軸力）

$\Sigma X = 0$ より，

$N_{\mathrm{A}}\cos 45° + N_{\mathrm{F}} = 0$

$\therefore N_{\mathrm{F}} = -N_{\mathrm{A}}\cos 45° = -\sqrt{2}\,P \times \dfrac{1}{\sqrt{2}} = -P$ （圧縮軸力）

・イ節点（図3・9参照）

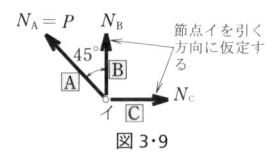

$\Sigma Y = 0$ より，

$N_{\mathrm{A}}\sin 45° + N_{\mathrm{B}} = 0$

・ア節点

図3・8

・イ節点

図3・9

$$\therefore N_B = -N_A \sin 45° = -\sqrt{2}P \times \frac{1}{\sqrt{2}} = -P \text{ （圧縮軸力）}$$

$\Sigma X = 0$ より，

$-N_A \cos 45° + N_C = 0$

$$\therefore N_C = N_A \cos 45° = \sqrt{2}P \times \frac{1}{\sqrt{2}} = +P \text{ （引張軸力）}$$

・ウ節点（図3・10参照）

$\Sigma Y = 0$ より，

$-P + N_B - N_D \sin 45° = 0$

$$\therefore N_D = \frac{-P + N_B}{\sin 45°} = \frac{-P + P}{(1/\sqrt{2})} = 0$$

$\Sigma X = 0$ より，

$N_D = 0$ であるから，

$N_F + N_E = 0$

$\therefore N_E = -N_F = -P$ （圧縮軸力）

⑥ 軸方向力が引張力か，圧縮力かを判断する．

⑤で算出された値を，「当初仮定した応力が，＋で算出された場合は仮定が正しいと同時に，引張軸力であり，－で算出された場合は仮定と逆であると同時に，圧縮軸力である」ということに当てはめて，＋，－を決める．

したがって，4.が誤っている．

3 クレモナ図解法によるトラスの解法

クレモナ図解法は，出題頻度は少ないが，簡単に軸方向力の引張・圧縮の区別ができる解法であるから，この解法をマスターしておくことは大切であると同時に便利である．

基本的には，クレモナ図解法は，3～5部材の応力（軸方向力）を図式で求める解法である．その解法は，1点に作用する力のつり合い条件を活用して，示力図（クレモナ図）を描く．このとき，30°勾配の合掌材を有するトラスや45°斜材を有する平行弦トラスなどは，三角比を用いることによって，数値計算も行える．

☞ **必ず覚える！公式18**

クレモナ図解法
力の示力図が閉じる   (3・5)

具体的にその解法の手順を次に示す．

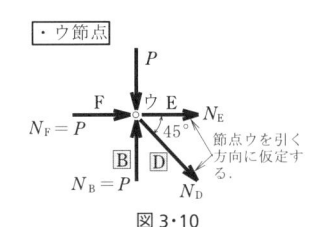

> **解法の手順＜クレモナ図解法＞**
> ① 力のつり合い条件を用いて，支点の反力を算式で求める．
> ② 領域に記号を付ける．
> ③ 未知部材が2部材以下の支点・節点において，まず荷重や反力などの既知の力を**時計回りの順**につなぎ，次に2つの未知部材の作用線に平行線を引いて，その交点を見つける．このような示力図（クレモナ図）を描く．
> ④ 描いた示力図が閉じるように順に矢印を付け，これを元の荷重図に戻して，節点を引くか，押すかを見極める．
> ⑤ 軸方向力が引張力か，圧縮力かを判断する．
> 荷重図に付けた矢印が節点を引けば引張力，押せば圧縮力である（図3・1参照）．

では，出題例を通してその解き方を学んでみよう．

出題例19 図のような荷重を受けるトラスにおいて，部材ア～エに生じる応力の組合せとして，正しいものは，次のうちどれか．ただし，「引」は引張応力を，「圧」は圧縮応力，「0」は応力0を表す．

	ア	イ	ウ	エ
1.	引	0	引	圧
2.	圧	圧	圧	0
3.	圧	引	引	引
4.	圧	0	圧	引

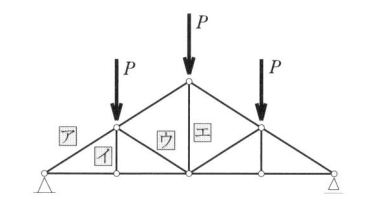

[解答例]

この問題は，トラスの寸法や勾配の数値がないので，クレモナ図解法で解く．

① 反力を求める（図3・11参照）．
トラスと荷重が対称形であるから，反力は荷重の半分になる．
$V = 3P/2 = 1.5P$

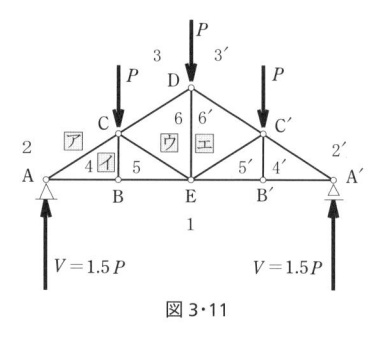

② 領域に記号を付ける．
図3・11のように，領域に記号（1～6および6′～2′）をつける．
領域とは，反力や荷重の作用線で区分された部分や部材で囲まれた部分をいう．

③ 未知部材が2部材である支点から示力図を描く．

図3・11

■ A節点（図3・12参照）

描き方1 既知である反力 $V=1.5P$ を上向きに $1→2$ と描く．

描き方2 次に，$2→\boxed{4}$ と描く部材アの軸方向力 $N_ア$ は未知であるから，既知の力をつないだ最後の点2から部材アに平行線を下向きに長く引く．

描き方3 続いて，$\boxed{4}→1$ と描いて示力図を完成させるが，$\boxed{4}$ の点が分からないので，逆に1から部材ABに平行線を左向きに引いて，$\boxed{4}$ の点を求めると始点と終点が一致して力の多角形が閉じ，示力図が完成する．

④ このとき，完成した示力図が閉じるように順に矢印を付け，これを元の荷重図に戻して，節点を引くか，押すかを見極める（図3・12参照）．

⑤ 引張材か，圧縮材かを判断する．
部材アは，A節点を押すから，軸方向力は**圧縮力**である．部材ABは，A節点を引くから，**引張力**である．

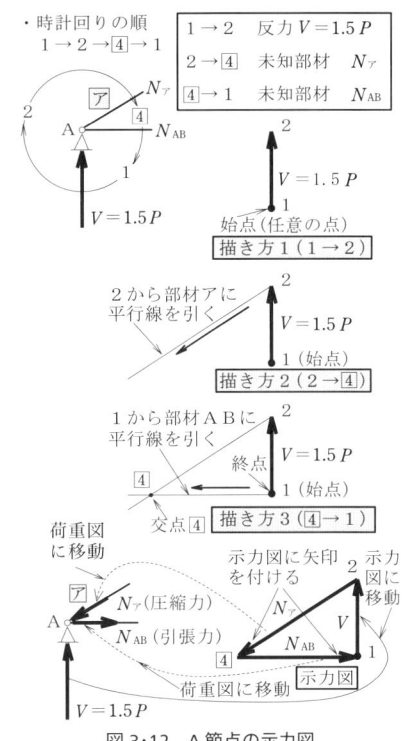

図3・12 A節点の示力図

■ B節点（図3・13参照）

描き方1 既知となった軸方向力 N_{AB} を $1→4$ と描く．

描き方2 次に，$4→\boxed{5}$ と描く部材イの軸方向力 $N_イ$ は未知であるから，既知の力をつないだ最後の点4から部材イに平行線を上向きに長く引く．

描き方3 続いて，$\boxed{5}→1$ と描いて示力図を完成させるが，$\boxed{5}$ の点が分からないので，逆に1から部材イに平行線を右向きに引いて，$\boxed{5}$ の点を求めると始点と終点が一致して力の多角形が閉じ，示力図が完成する．

④ 完成した示力図が閉じるように順に矢印を付け，これを元の荷重図に戻して，節点を引くか，押すかを見極める（図3・13参照）．

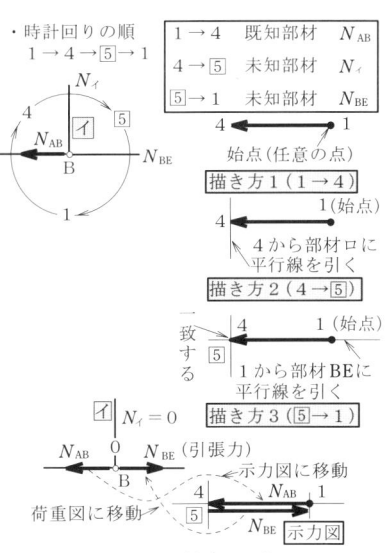

図3・13 B節点の示力図

第3章 静定トラスの応力 49

⑤ 引張材か，圧縮材かを判断する．

このとき，4の点と⑤の点が一致するから，部材イの軸方向力は0となる．また，部材BEは，B節点を引くから，軸方向力は**引張力**である．

■ C節点（図3・14参照）

描き方1 既知となった軸方向力 $N_イ$ を 5→4，$N_ア$ を 4→2，荷重 P を 2→3と描く．

描き方2 3→⑥と描く部材CDの軸方向力 N_{CD} は未知であるから，既知の力をつないだ最後の点3から部材CDに平行線を斜め左下向きに引く．

描き方3 続いて，⑥→5と描いて示力図を完成させるが，⑥の点が分からないので，逆に5から部材ウに平行線を斜め右下向きに引いて，⑥の点を求めると始点と終点が一致して力の多角形が閉じ，示力図が完成する．

④ 完成した示力図が閉じるように順に矢印を付け，これを元の荷重図に戻して，節点を引くか，押すかを見極める（図3・14参照）．

⑤ 引張材か，圧縮材かを判断する．

部材CDは，C点を押すから，軸方向力は**圧縮力**であり，部材ウもC節点を押すから，軸方向力は**圧縮力**である．

■ D節点（図3・15参照）

描き方1 既知となった軸方向力 N_{CD} を 6→3，荷重を 3→3′ と

・時計回りの順
5→4→2→3→⑥→5

5→4	$N_イ=0$
4→2	既知部材 $N_ア$
2→3	荷重 P
3→⑥	未知部材 N_{CD}
⑥→5	未知部材 $N_ウ$

図3・14　C節点の示力図

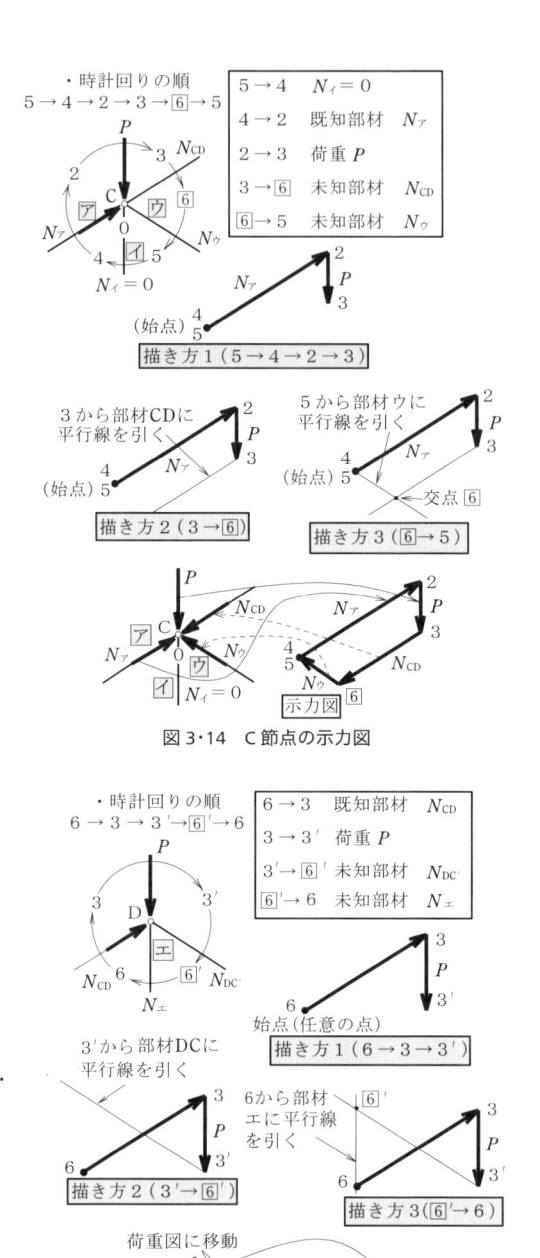

・時計回りの順
6→3→3′→⑥′→6

6→3	既知部材 N_{CD}
3→3′	荷重 P
3′→⑥′	未知部材 N_{DC}
⑥′→6	未知部材 $N_エ$

図3・15　D節点の示力図

描く．

描き方2 次に，3′→⑥′ と描く部材 DC′の軸方向力 $N_{DC'}$ は未知であるから，既知の力をつないだ最後の点 3′から部材 DC′に平行線を斜め左上向きに長く引く．

描き方3 続いて，⑥′→6 と描いて示力図を完成させるが，⑥′の点が分からないので，逆に 6 から部材エに平行線を上向きに引いて，⑥′の点を求めると始点と終点が一致して力の多角形が閉じ，示力図が完成する．

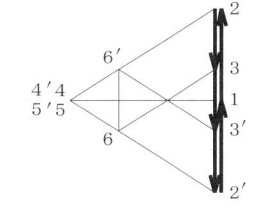

④ 完成した示力図が閉じるように順に矢印を付け，これを元の荷重図に戻して，節点を引くか，押すかを見極める（図 3・15 参照）．

⑤ 引張材か，圧縮材かを判断する．
部材 DC′は，D 節点を押すから，軸方向力は**圧縮力**であり，部材エは，D 節点を引くから，軸方向力は**引張力**である．

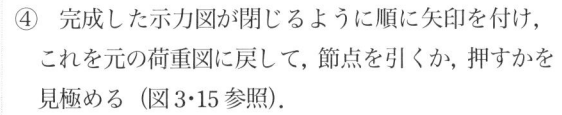

図 3・16 クレモナ図

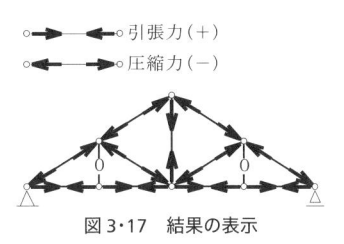

以上より，各節点の示力図をまとめて描いた全体の図形（クレモナ図）を図 3・16 に示す．また，各節点で得た引張力，圧縮力の結果を図 3・17 に示す．

よって，**4.** が正解．

図 3・17 結果の表示

☞ 必ず覚える！ 約束事

トラスを解く上で覚えておくと役に立つ約束事を以下に示すので，必ず暗記しておくことが大切である．

① トラス部材・反力・荷重が十字形に交わる場合
　図3・18(a)において，
　　$\Sigma X = 0$より，$N_1 = N_2$
　　$\Sigma Y = 0$より，$N_3 =$荷重P
　図3・18(b)において，
　　$\Sigma X = 0$より，$N_1 =$反力H
　　$\Sigma Y = 0$より，$N_2 =$反力V

② トラス部材・反力・荷重がT字形に交わる場合
　図3・19(a)において，
　　$\Sigma X = 0$より，$N_1 = N_2$
　　$\Sigma Y = 0$より，$N_3 = 0$
　図3・19(b)において，
　　$\Sigma X = 0$より，$N_1 = 0$
　　$\Sigma Y = 0$より，$N_2 =$荷重P
　図3・19(c)において，
　　$\Sigma X = 0$より，$N_1 = 0$
　　$\Sigma Y = 0$より，$N_2 =$反力V

③ トラス部材がL字形に交わる場合
　図3・20(a)において，
　　$\Sigma X = 0$より，$N_1 = 0$
　　$\Sigma Y = 0$より，$N_2 = 0$
　図3・20(b)において，
　　$\Sigma X = 0$より，$N_1 = 0$
　　$\Sigma Y = 0$より，$N_2 = 0$

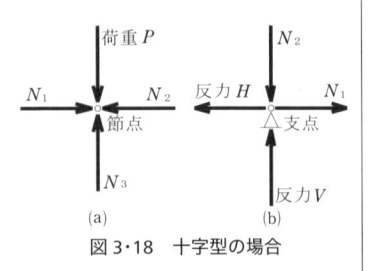

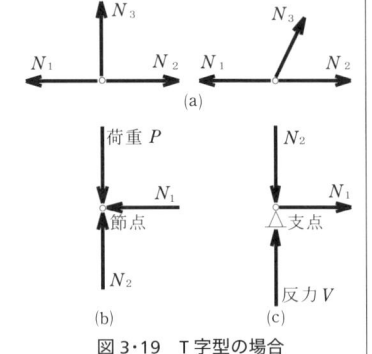

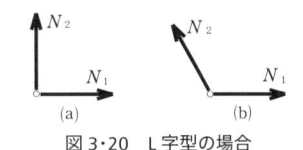

図3・18　十字型の場合

図3・19　T字型の場合

図3・20　L字型の場合

　図3・21に各種静定トラスの種類と応力（部材に生じる軸方向力が引張力であるか圧縮力となるか）を示した．

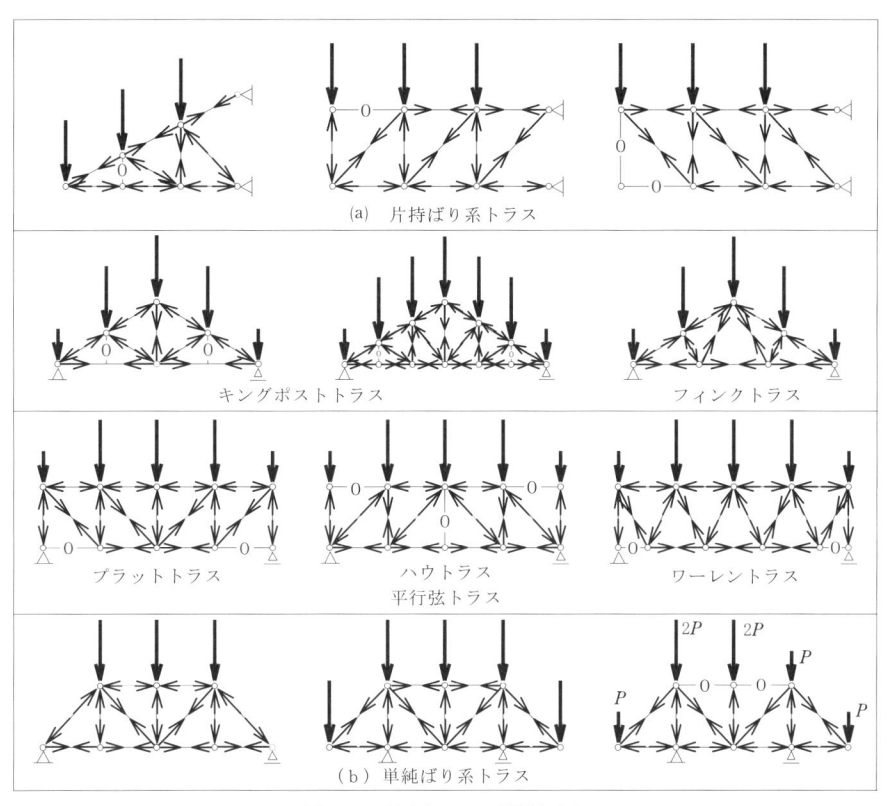

図3・21 静定トラスの種類と応力

(a) 片持ばり系トラス

キングポストトラス　　フィンクトラス

プラットトラス　　ハウトラス　　ワーレントラス
平行弦トラス

(b) 単純ばり系トラス

☞ 必ず覚える！ 重要事項

キングポストトラスにおいては応力は次のようになる．

① 合掌材……圧縮材
② 陸ばり材…引張材
③ 斜材………圧縮材
④ 真束………引張材
⑤ はさみ束…応力0

平行弦トラスにおいては応力は次のようになる．
上弦材は圧縮材に，下弦材は引張材になる．片持ばり系トラスでは，逆で，上弦材は引張材に，下弦材は圧縮材になる．斜材は，プラットトラスでは引張材に，ハウトラスでは圧縮材になる．

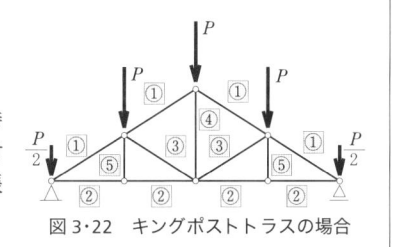

図3・22 キングポストトラスの場合

第3章 静定トラスの応力

第4章　はりの変形

　本章で取り上げるはりの変形の出題頻度は，10年間で7～8問と高い頻度を示している．中でもたわみが関係する問題は，重要であり，かつ，出題回数が多いので，確実に解けるように，基本的な事項を中心に繰り返し，繰り返し，練習問題に当たることが必要である．

　本章では，まず，過去問の中から，最大たわみを求める問題，たわみとたわみ角の関係を活用して解く問題および2つのはりのたわみが等しいときの荷重の大きさを求める問題を解説した．

　ここで重要なのは，最大たわみや，ある点のたわみ角を求める**公式の暗記**である．基本的な解法である**モールの定理**を解説したが，短時間で問題を解くためには，たわみ・たわみ角の公式を暗記しておくのが一番である．不静定ばりを解くときにも活用するので，確実に覚えておくことが重要である．

1 たわみ・たわみ角

　図4・1のように，はりに荷重が作用すると，はりはわん曲する．

　そのとき，はりの材軸が示す曲線を**たわみ曲線**（**弾性曲線**ともいう）という．

　はりの元の材軸からたわみ曲線まで，材軸に直角に測った変位を**たわみ**といい，記号はδ（デルタ）で表し，単位はmmなどを用いる．

　符号は，**下向きの変位を正（＋），上向きを負（－）**とする．

　たわみ曲線上の点から，それぞれに引いた接線と元の材軸がなす角を**たわみ角**といい，記号はθ（シータ）で表し，単位はrad（ラジアン：radian）を用いる（図4・2参照）．

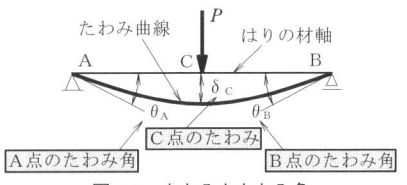

図4・1　たわみとたわみ角

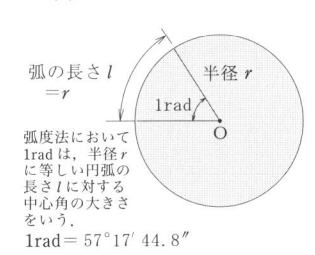

図4・2　弧度法
弧度法において1radは，半径rに等しい円弧の長さlに対する中心角の大きさをいう．
$1\text{rad} = 57°17'44.8''$

　符号は，はりの材軸を基準として，**時計回りを正（＋），反時計回りを負（－）**とする．

　ここで，たわみについて解説する．ここでいうたわみとは，**弾性たわみ**のことである．**弾性**とは，部材にある範囲内の外力を加えて変形させても，その外力を取り除けば，部材は元の状態に戻る性質をいう．その反対用語が**塑性**である．

したがって，弾性たわみは，**部材の弾性範囲内でのたわみ**ということができる．

また，EI とは，**曲げ剛性**のことである．曲げ剛性は，曲げモーメントを受ける部材の**曲がりにくさ**を表す係数で，ヤング係数 E と断面二次モーメント I の積で表される．すなわち，ヤング係数 E は，縦軸に垂直応力度 σ，横軸に縦ひずみ度 ε を取ったときのグラフの立上がり勾配を表し，値が大きいほどひずみは小さくなる．断面二次モーメント I は，$I = BD^3/12$ で表される係数で，部材の曲がりにくさを示し，値が大きいほど曲がりにくい．よって，弾性たわみ δ は，曲げ剛性 EI に反比例するから，この値が大きいほど曲がりにくい部材であり，かつ，たわみの値が小さい部材であるといえる．

❷ モールの定理

モールの定理は，はりの曲げモーメント図が与えられたとき，はりの最大曲げモーメント M_{max} を $(1/EI)$ 倍した M_{max}/EI を**弾性荷重**として仮想し，そのときのある点に対するせん断力や曲げモーメントの値を求めることによって複雑な積分方程式を用いることなく，その点のたわみやたわみ角が求められることに着目した定理である．

なお，片持ばりの場合は，弾性荷重を仮想としてはりに作用させるとき，固定支点と自由支点を左右入れ替えることに注意すること．

◉ 2・1 片持ばりの場合

モールの定理を活用して，片持ばりのたわみ・たわみ角を求める解法は，次のように行う．

a. 集中荷重の場合（図4・3参照）

解法の手順1
① 片持ばりの曲げモーメント図を描く（図4・3(c) 参照）．
   $M_{max} = M_A = Pl$
② 描いた曲げモーメント図を部材が凹に変形する側に，$(1/EI)$ 倍した仮想の弾性荷重として作用させる（図4・3(d) 参照）．
③ このとき，固定支点と自由支点を入れ替える．

   反力 $V_B = \dfrac{Pl}{EI} \times l \times \dfrac{1}{2} = \dfrac{Pl^2}{2EI}$ （下向き）

   ここで，係数 1/2 は，図4・3(d) において弾性荷重の面積が破線で表した長方形の面積の 1/2 であることを示す．

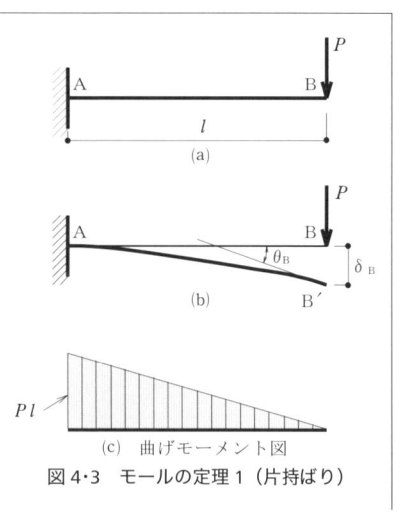

図4・3 モールの定理1（片持ばり）
(a)
(b)
(c) 曲げモーメント図

④ ある点の弾性荷重によるせん断力を求めると，それがその点の**たわみ角**となる．

たわみ角 $\theta_B = Q_B = V_B = \dfrac{Pl^2}{2EI}$ (rad)

⑤ ある点の弾性荷重による曲げモーメントを求めると，それがその点の**たわみ**となる．

たわみ $\delta_B = M_B = W \times \dfrac{2l}{3}$

$= \dfrac{Pl^2}{2EI} \times \dfrac{2l}{3} = \dfrac{Pl^3}{3EI}$ (mm)

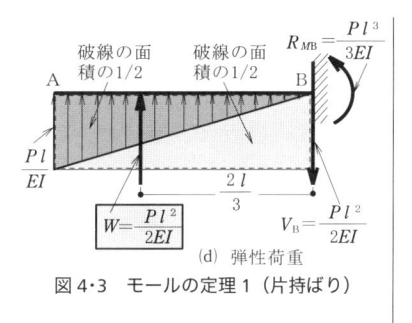

図 4・3 モールの定理 1（片持ばり）

b. 等分布荷重の場合（図 4・4 参照）

解法の手順 2

① 片持ばりの曲げモーメント図を描く（図 4・4(c) 参照）．

$M_{\max} = M_B = \dfrac{wl^2}{2}$

② 描いた曲げモーメント図を部材が凹に変形する側に，$(1/EI)$ 倍した仮想の弾性荷重として作用させる（図 4・4(d) 参照）．

③ このとき，固定支点と自由支点を入れ替える．

反力 $V_A = \dfrac{wl^2}{2EI} \times l \times \dfrac{1}{3} = \dfrac{wl^3}{6EI}$ （下向き）

ここで，**係数 1/3** は図 4・4(d) において弾性荷重の面積が破線で表した長方形の面積の 1/3 であることを示す．

④ ある点の弾性荷重によるせん断力を求めると，それがその点の**たわみ角**となる．

たわみ角 $\theta_A = Q_A = -V_A = -\dfrac{wl^3}{6EI}$ (rad)

⑤ ある点の弾性荷重による曲げモーメントを求めると，それがその点の**たわみ**となる．

たわみ $\delta_A = M_A = W \times \dfrac{3l}{4}$

$= \dfrac{wl^3}{6EI} \times \dfrac{3l}{4} = \dfrac{wl^4}{8EI}$ (mm)

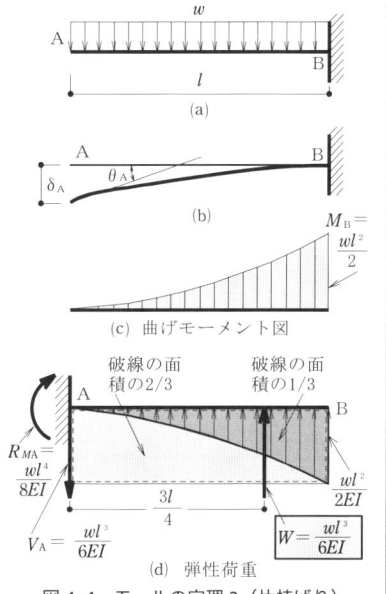

図 4・4 モールの定理 2（片持ばり）

❖ちょっと MEMO―面積分割と図心の位置

長方形を二次曲線で区分すると，次のことがわかる．
① 面積は $1:2$ に分けられる．
② 図心の位置は，長辺aに対して，上辺は $1:3$ に，下辺は $5:3$ に分ける位置にある．短辺bに対しては，左辺は $3:7$ に，右辺は $3:2$ に分ける位置にある．図4・4(d)や図4・6(d)で活用する．

● 2・2 単純ばりの場合

モールの定理を活用して，単純ばりのたわみ・たわみ角を求める解法は，次のように行う．

a．集中荷重の場合（図4・5 参照）

解法の手順3

① 単純ばりの曲げモーメント図を描く（図4・5(c) 参照）．

$$M_{\max} = M_C = \frac{Pl}{4}$$

② 描いた曲げモーメント図を部材が凹に変形する側に，$(1/EI)$ 倍した仮想の弾性荷重として作用させる（図4・5(d) 参照）．

反力 $V_A = \dfrac{Pl}{4EI} \times \dfrac{l}{2} \times \dfrac{1}{2} = \dfrac{Pl^2}{16EI}$ （上向き）

ここで，**係数 1/2** は，図4・5(d)において弾性荷重の面積が破線で表した長方形の面積の 1/2 であることを示す．

③ ある点の弾性荷重によるせん断力を求めると，それがその点のたわみ角となる．

たわみ角 $\theta_A = Q_A = V_A = \dfrac{Pl^2}{16EI}$ (rad)

たわみ角 $\theta_B = Q_B = -V_B = -\dfrac{Pl^2}{16EI}$ (rad)

④ ある点の弾性荷重による曲げモーメントを求めると，それがその点のたわみとなる．

たわみ $\delta_C = M_C = V_A \times \dfrac{l}{2} - W \times \dfrac{l}{6}$

$= \dfrac{Pl^2}{16EI} \times \dfrac{l}{2} - \dfrac{Pl^2}{16EI} \times \dfrac{l}{6} = \dfrac{Pl^3}{48EI}$ (mm)

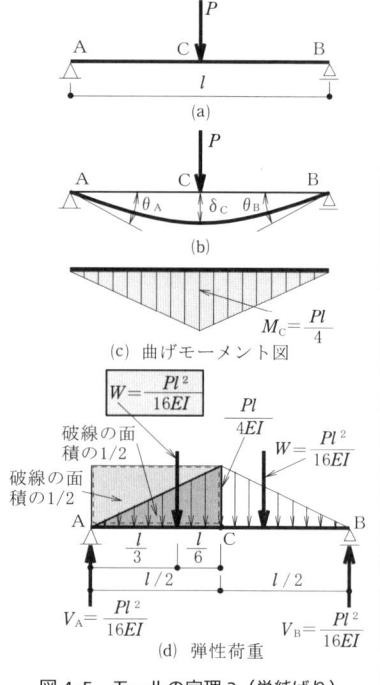

図4・5 モールの定理3（単純ばり）

b. 等分布荷重の場合（図4・6参照）

解法の手順4

① 単純ばりの曲げモーメント図を描く（図4・6(c)参照）．

$$M_{\max}=M_{\mathrm{C}}=\frac{wl^2}{8}$$

② 描いた曲げモーメント図を部材が凹に変形する側に，($1/EI$) 倍した仮想の弾性荷重として作用させる（図4・6(d)参照）．

反力 $V_{\mathrm{A}}=\dfrac{wl^2}{8EI}\times\dfrac{l}{2}\times\dfrac{2}{3}=\dfrac{wl^3}{24EI}$（上向き）

ここで，**係数 2/3** は，図4・6(d)において弾性荷重の面積が破線で表した長方形の面積の2/3であることを示す．

③ ある点の弾性荷重によるせん断力を求めると，それがその点の**たわみ角**となる．

たわみ角 $\theta_{\mathrm{A}}=Q_{\mathrm{A}}=V_{\mathrm{A}}=\dfrac{wl^3}{24EI}$ (rad)

たわみ角 $\theta_{\mathrm{B}}=Q_{\mathrm{B}}=-V_{\mathrm{B}}=-\dfrac{wl^3}{24EI}$ (rad)

④ ある点の弾性荷重による曲げモーメントを求めると，それがその点の**たわみ**となる．

たわみ $\delta_{\mathrm{C}}=M_{\mathrm{C}}=V_{\mathrm{A}}\times\dfrac{l}{2}-W\times\dfrac{3l}{16}$

$=\dfrac{wl^3}{24EI}\times\dfrac{l}{2}-\dfrac{wl^3}{24EI}\times\dfrac{3l}{16}$

$=\dfrac{5wl^4}{384EI}$ (mm)

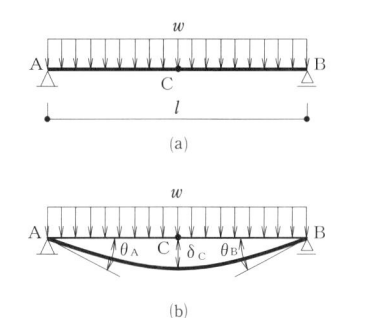

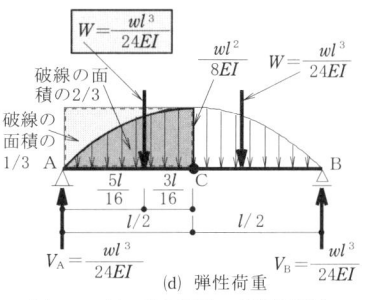

図4・6 モールの定理4（単純ばり）

モールの定理の4つの解法例の他にモーメント荷重などが作用する場合や，両端固定ばりの場合の公式を表4・1に示す．

このうち，①の片持ばりは，**ベッティの相反定理**を解くときに用いたりする．また，集中荷重がスパンの中央に作用する④や⑥の両端固定ばりのたわみは，**解法の手順3**のたわみの公式とともにその大きさを比較し，暗記しておくことが大切である．

表 4・1　たわみ，たわみ角の公式

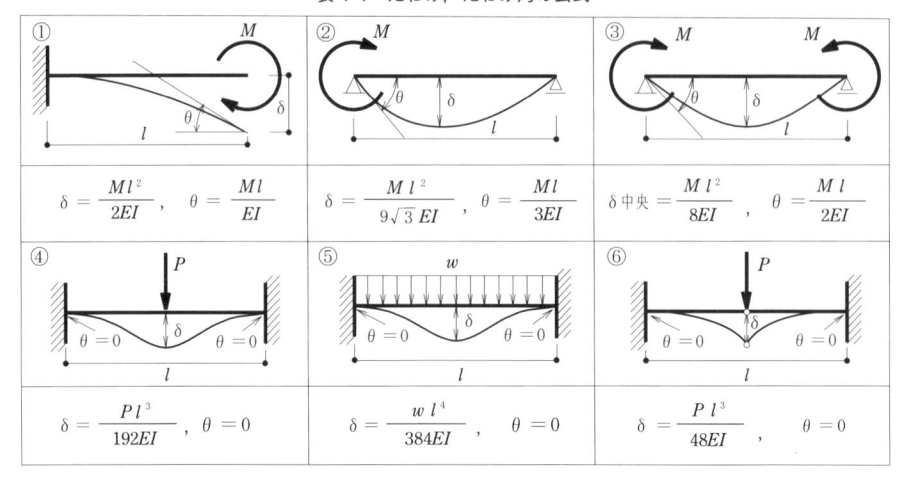

①	②	③
$\delta = \dfrac{Ml^2}{2EI}$, $\theta = \dfrac{Ml}{EI}$	$\delta = \dfrac{Ml^2}{9\sqrt{3}\,EI}$, $\theta = \dfrac{Ml}{3EI}$	$\delta_{中央} = \dfrac{Ml^2}{8EI}$, $\theta = \dfrac{Ml}{2EI}$
④	⑤	⑥
$\delta = \dfrac{Pl^3}{192EI}$, $\theta = 0$	$\delta = \dfrac{wl^4}{384EI}$, $\theta = 0$	$\delta = \dfrac{Pl^3}{48EI}$, $\theta = 0$

では，出題例を通してその解き方を学んでみよう．

なお，出題例に，"等質等断面"とあるのは，部材全体が同じ材料で均等に作られていることを表している．すなわち，ヤング係数Eが部材全体で同一であることが"等質"を表し，断面二次モーメントIが一定であることが"等断面"を表している．よって，"等質等断面"であるということは，EIが一定であることを表す．

出題例 20　図のようなはりにおいて，はりにヒンジであるB点に鉛直力Pが作用したとき，A点，C点の鉛直反力R_A，R_Cの絶対値の比として，正しいものは，次のうちどれか．ただし，はりは等質等断面とする．

$R_A : R_C$
1. $2 : 1$
2. $3 : 1$
3. $4 : 1$
4. $8 : 1$

解答例

図4・7のように，ヒンジの点Bで2つの片持ばりに分けて考える．

このとき，片持ばりABを$\delta = \delta_{AB}$だけたわませる荷重をP_1，片持ばりBCを$\delta = \delta_{BC}$だけたわませる荷重をP_2とする．

$P = P_1 + P_2$であり，$\delta = \delta_{AB} = \delta_{BC}$である．

片持ばりABのたわみδ_{AB}

$$\delta_{AB} = \frac{P_1 l^3}{3EI}$$

片持ばり BC のたわみ δ_{BC}

$$\delta_{BC} = \frac{P_2 (2l)^3}{3EI} = \frac{8P_2 l^3}{3EI}$$

はり AB のたわみ δ_{AB} とはり BC のたわみ δ_{BC} は連結されているから，大きさは等しい．

$$\frac{P_1 l^3}{3EI} = \frac{8P_2 l^3}{3EI}$$

したがって，$P_1 = 8P_2$

∴ $P_1 : P_2 = R_A : R_C = 8 : 1$

よって，4．が正解．

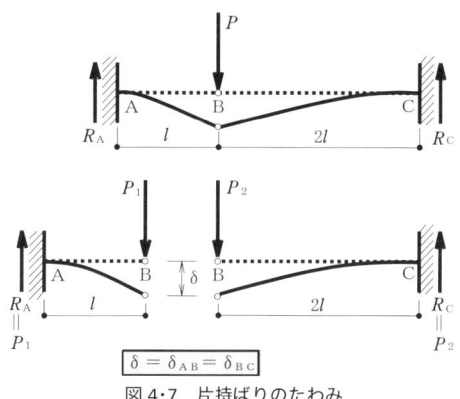

図 4・7　片持ばりのたわみ

出題例 21　図のようなはり A，B，C にそれぞれ荷重 P が作用している場合，はり A，B，C における中央の最大たわみの大きさの比（$\delta_A : \delta_B : \delta_C$）として正しいものは，右のうちどれか．ただし，すべてのはりは，全長にわたって等質等断面であり，はりの質量の影響は無視するものとする．

$\delta_A : \delta_B : \delta_C$

1. 1 : 2 : 1
2. 1 : 4 : 1
3. 4 : 1 : 4
4. 8 : 1 : 8

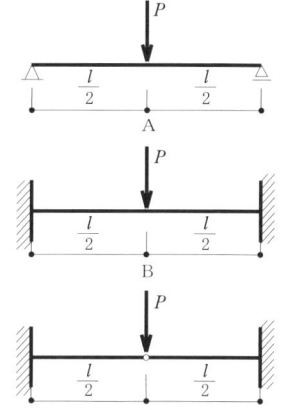

[解答例]

この問題は，たわみの公式を暗記していれば簡単に解くことができる（図 4・8 参照）．

$$\delta_A = \frac{Pl^3}{48EI} \quad \delta_B = \frac{Pl^3}{192EI} \quad \delta_C = \frac{Pl^3}{48EI}$$

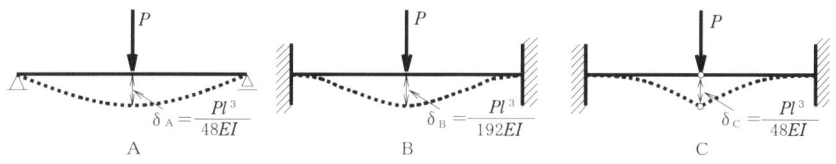

図 4・8　はり中央のたわみ δ

それぞれのはりのたわみの公式は，次のようになる．

第 4 章　はりの変形

はり A
$$\delta_A = \frac{Pl^3}{48EI}$$

はり B
$$\delta_B = \frac{Pl^3}{192EI}$$

はり C
$$\delta_C = \frac{Pl^3}{48EI}$$

したがって，それぞれのはりのたわみの比は，

$$\delta_A : \delta_B : \delta_C = \frac{1}{48} : \frac{1}{192} : \frac{1}{48} = 4 : 1 : 4$$

よって，3.が正解．

出題例22 図のような荷重Pを受けるはりAおよびBの荷重点に生じる弾性たわみをそれぞれδ_A（中央），δ_B（先端）としたとき，それらの比$\delta_A : \delta_B$として正しいものは，次のうちどれか．ただし，はりAおよびBは等質等断面の弾性部材とする．

$\delta_A : \delta_B$
1. $1 : 2$
2. $1 : 4$
3. $1 : 8$
4. $1 : 16$

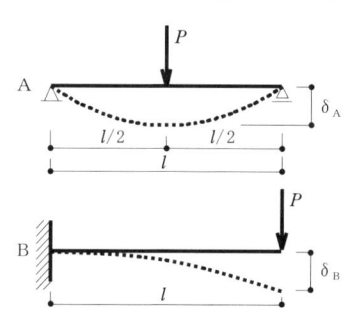

解答例

この問題も，たわみの公式を暗記しておれば簡単に解くことができる（図4・9参照）．

はり A
$$\delta_A = \frac{Pl^3}{48EI}$$

はり B
$$\delta_B = \frac{Pl^3}{3EI}$$

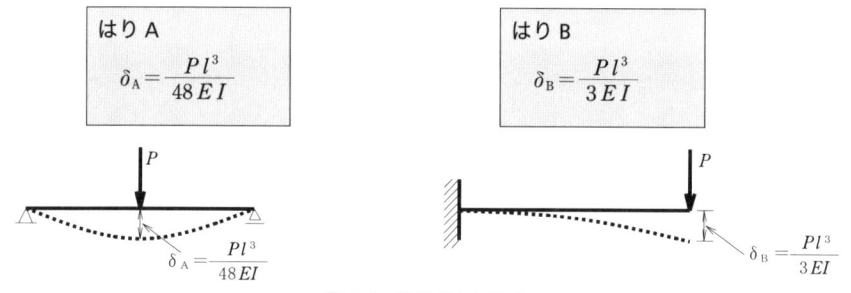

図4・9 はりのたわみδ

したがって，それぞれのはりのたわみの比$\delta_A : \delta_B$は，

$$\delta_A : \delta_B = \frac{1}{48} : \frac{1}{3} = 1 : 16$$

よって，4.が正解．

出題例23 図のような等分布荷重 w を受けるはりA，Bにおいて，はりAにおける中央部に生ずる弾性たわみが δ_A のとき，はりBの中央部に生ずる弾性たわみ δ_B を表す式として，正しいものは，右のうちどれか．ただし，はりA，Bは等質等断面とし，w にははりの自重が含まれているものとする．

δ_B
1. $(1/2)\delta_A$
2. $(1/3)\delta_A$
3. $(1/4)\delta_A$
4. $(1/5)\delta_A$

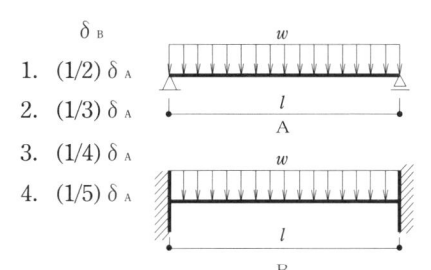

[解答例]

この問題も，たわみの公式を暗記しておくことによって，余裕をもって解くことができる（図4・10参照）．

はりA
$$\delta_A = \frac{5wl^4}{384EI}$$

はりB
$$\delta_B = \frac{wl^4}{384EI}$$

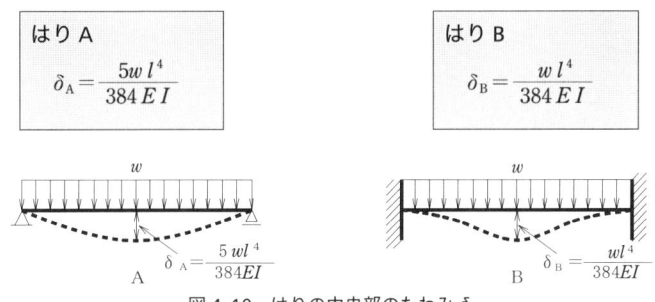

図4・10　はりの中央部のたわみ δ

したがって，それぞれのはりのたわみの比は，

$$\delta_A : \delta_B = \frac{5}{384} : \frac{1}{384} = 5 : 1 \quad \text{したがって，} \delta_B = \frac{1}{5}\delta_A$$

よって，4. が正解．

出題例24 図のような片持ばりの中央のC点に荷重 P が作用している場合，A点に生じるたわみ δ_A として，正しいものは，右のうちどれか．ただし，はりは全長にわたって等質等断面であり，ヤング係数を E，断面二次モーメントを I とし，はりの質量の影響は無視する．

1. $\dfrac{Pl^3}{48EI}$
2. $\dfrac{3Pl^3}{48EI}$
3. $\dfrac{5Pl^3}{48EI}$
4. $\dfrac{7Pl^3}{48EI}$

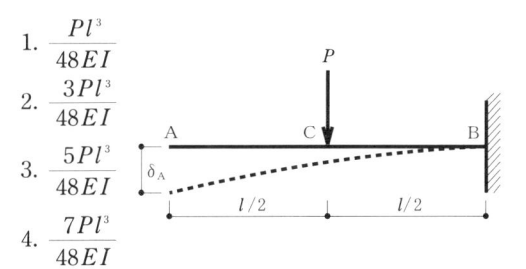

[解答例]

　この問題は，たわみの公式およびたわみとたわみ角の関係を理解しておれば，割合簡単に解くことができる（図4・11, 12参照）．

　解法には，2通りの方法がある．すなわち，A点のたわみδ_Aを直接計算する解法①と，A点のたわみδ_Aをδ_Cとδ_1の2つに分けて計算し，それを加え合わせる解法②とがある．

解法①：A点のたわみδ_Aを直接計算する解法

　モールの定理を活用してδ_Aを求める（図4・11参照）．

　まず，問題の片持ばりの曲げモーメント図を描く（図4・11(a)参照）．

　次に，固定端と自由端を入れ替えて，描いた曲げモーメント図を部材が凹に変形する側に，$1/EI$倍した仮想の弾性荷重として作用させる（図4・11(b)参照）．

　弾性荷重の大きさを求める．

$$W = \frac{Pl}{2EI} \times \frac{l}{2} \times \frac{1}{2} = \frac{Pl^2}{8EI} (= V_A)$$

　A点のたわみは，A点の曲げモーメントに等しいから，

$$\delta_A = M_A = W \times \left(\frac{l}{2} + \frac{l}{3}\right)$$

$$= \frac{Pl^2}{8EI} \times \frac{5l}{6} = \frac{5Pl^3}{48EI}$$

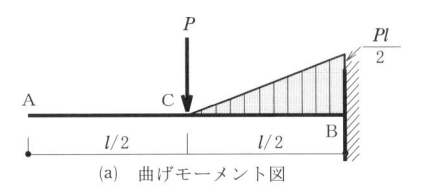

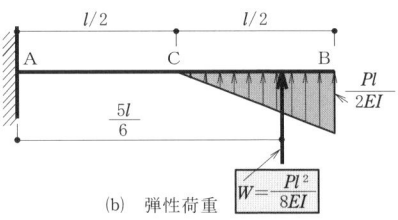

図4・11　モールの定理によるたわみの計算

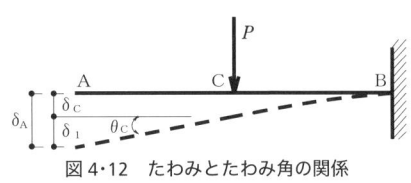

図4・12　たわみとたわみ角の関係

解法②：A点のたわみδ_Aをδ_Cとδ_1の2つに分けて計算し，それを加え合わせる解法

　図4・12のように，はりABのたわみδ_Aを，荷重点Cにおけるたわみδ_Cと，残りのたわみδ_1の2つに分け，これを加え合わせて求める（図4・12参照）．

　まず，荷重点Cのたわみδ_Cを求める．

　片持ばりのたわみの公式を活用して，

$$\delta_C = \frac{P(l/2)^3}{3EI} = \frac{Pl^3}{24EI}$$

　次に，たわみ角とたわみの関係（$\delta = \theta \cdot l$）より，δ_1を求める．

　このとき，C点のたわみ角$\theta_C = V_A = \dfrac{Pl^2}{8EI}$となる．

すなわち，たわみ $\delta_1 =$ たわみ角 $\theta_C \times$ 距離 $(l/2)$ より，

$$\delta_1 = \theta_C \times \frac{l}{2} = \frac{Pl^2}{8EI} \times \frac{l}{2} = \frac{Pl^3}{16EI}$$

$$\therefore \delta_A = \delta_C + \delta_1 = \frac{Pl^3}{24EI} + \frac{Pl^3}{16EI} = \frac{2Pl^3}{48EI} + \frac{3Pl^3}{48EI} = \frac{5Pl^3}{48EI}$$

よって，3.が正解．

出題例 25 図のようなはりに荷重 P が作用している場合，A点に生じるたわみとして，正しいものは，次のうちどれか．ただし，はりは全長にわたって等質等断面であり，ヤング係数を E，断面二次モーメントを I とし，はりの重量の影響は無視するものとする．

1. $\dfrac{Pl^3}{8EI}$
2. $\dfrac{Pl^3}{3EI}$
3. $\dfrac{Pl^3}{2EI}$
4. $\dfrac{2Pl^3}{3EI}$

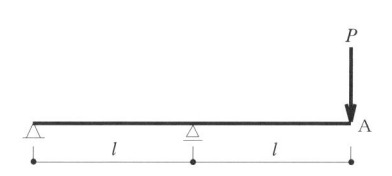

〔解答例〕

　この問題は，たわみの公式およびたわみとたわみ角の関係を活用して解くことになる（図 4・13 参照）．

　はり BA を，BC 部分と CA 部分とに分けて考える．

　すなわち，A点のたわみは，BC 部分の C 点のたわみ角に距離を乗じたときのたわみ δ_{A1} と CA 部分を片持ばりと考えたときのたわみ δ_{A2} との和として求められる．

　図(b)のたわみ曲線に C 点を通って接線を引き，この接線と BC 部分の材軸となす角が C 点のたわみ角 θ_C となる．

　図(c)より，C 点のたわみ角 θ_C は，C 点の反力 V_C に等しいから，

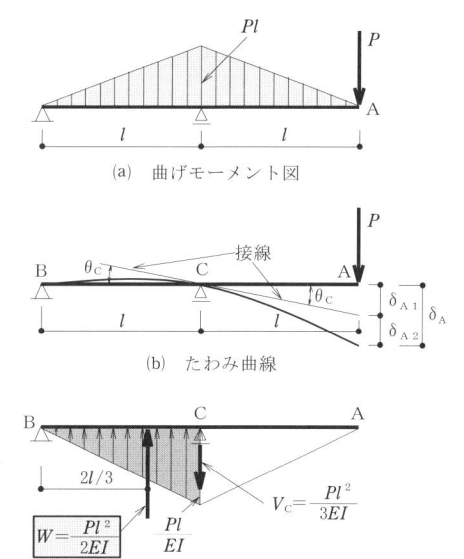

図 4・13　たわみとたわみ角の関係

$\Sigma M_B = 0$ より,

$$-W \times (2l/3) + V_C \times l$$

$$= -\frac{Pl^2}{2EI} \times (2l/3) + V_C \times l = 0$$

$$\therefore V_C = \theta_C = \frac{Pl^2}{3EI}$$

このとき，たわみ角によるたわみは，モールの定理からも分かるように，

$$\delta = \theta \times 距離 l$$

すなわち，

$$M = Q \times l$$

の考え方が成り立つ．したがって，C点のたわみ角 θ_C によるたわみ δ_{A1} は，

$$\delta_{A1} = \theta_C \times l = \frac{Pl^2}{3EI} \times l = \frac{Pl^3}{3EI}$$

また，図(b)より，接線を片持ばりの材軸と考えたときのたわみ δ_{A2} は，モールの定理より，

$$\delta_{A2} = \frac{Pl^3}{3EI} となる.$$

$$\therefore \delta_A = \delta_{A1} + \delta_{A2} = \frac{Pl^3}{3EI} + \frac{Pl^3}{3EI} = \frac{2Pl^3}{3EI}$$

よって，4.が正解.

出題例 26 図のようなはりに荷重Pを受けるラーメンにおいて，荷重Pによって生じるA点の鉛直方向（縦方向）の変位δとして，正しいものは，次のうちどれか．ただし，部材 AB は剛体とし，部材 BC のヤング係数をE，断面二次モーメントをIとし，部材の軸方向の変形は無視するものとする．

1. $\dfrac{Pl^3}{3EI}$
2. $\dfrac{Pl^3}{2EI}$
3. $\dfrac{Pl^3}{EI}$
4. $\dfrac{4Pl^3}{3EI}$

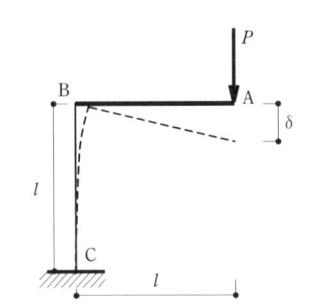

[解答例]

　この問題は，たわみとたわみ角の関係を利用して解く．
　荷重 P によって B 点には，

　　　$M_B = P \times l = Pl$ のモーメントが生じる．

　次に，柱 BC の B 点にモーメント荷重 M_B が生じる場合の B 点のたわみ角 θ_B を求める．
　B 点のたわみ角は，C 点を固定端とした片持ばりと考えて，

$$\theta_B = \frac{M_B l}{EI} = \frac{Pl^2}{EI}$$

　A 点のたわみ δ_A を求める．
　δ_A は，B 点のたわみ角 θ_B と AB 部材の材長 l の積から求める（[出題例 25]の解答例参照）．

$$\delta_A = \theta_B \times l = \frac{Pl^2}{EI} \times l = \frac{Pl^3}{EI}$$

　よって，3. が正解．

[出題例 27] 図－1 のような片持ばりの先端に 3.0kN の集中荷重が作用し，たわみ δ_1 とたわみ角 θ_1 が生じている．図－2 のような片持ばりの先端に「モーメント M_A を作用させたときに生じるたわみ δ_2」および「モーメント M_B を作用させたときに生じるたわみ角 θ_2」が，図－1 のたわみ δ_1 およびたわみ角 θ_1 とそれぞれ一致するときのモーメント M_A および M_B の組合せとして，正しいものは，次のうちどれか．ただし，それぞれのはりは等質等断面の弾性部材とし，モーメントは右回りを「＋」とする．

	$\delta_1 = \delta_2$ のときのモーメント M_A	$\theta_1 = \theta_2$ のときのモーメント M_B
1.	-4.5 kN·m	-6.0 kN·m
2.	4.5 kN·m	6.0 kN·m
3.	-6.0 kN·m	-4.5 kN·m
4.	6.0 kN·m	4.5 kN·m

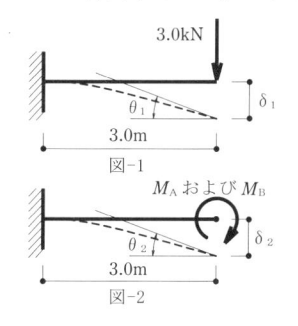

図－1

図－2

[解答例]

　この問題も，たわみ・たわみ角の公式を暗記しておくことが解答への近道となる．
　まず，たわみ δ_1，δ_2 を求める．

$$\delta_1 = \frac{Pl^3}{3EI} = \frac{3 \times 3^3}{3EI} = \frac{27}{EI} \qquad \delta_2 = \frac{M_A \cdot l^2}{2EI} = \frac{M_A \times 3^2}{2EI} = \frac{9M_A}{2EI}$$

$\delta_1 = \delta_2$ の条件より，

$$\frac{27}{EI} = \frac{9M_A}{2EI} \quad \therefore M_A = \frac{27}{EI} \times \frac{2EI}{9} = \frac{54}{9} = 6.0 \text{ kN·m}$$

次に，たわみ角 θ_1，θ_2 を求める．

$$\theta_1 = \frac{Pl^2}{2EI} = \frac{3 \times 3^2}{2EI} = \frac{27}{2EI} \qquad \theta_2 = \frac{M_B \cdot l}{EI} = \frac{3M_B}{EI}$$

$\theta_1 = \theta_2$ の条件より，

$$\frac{27}{2EI} = \frac{3M_B}{EI} \quad \therefore M_B = \frac{27}{2EI} \times \frac{EI}{3} = \frac{27}{6} = 4.5 \text{ kN·m}$$

よって，4.が正解．

● 2・3 ベッティの相反定理

図4・14のように，はりに集中荷重やモーメント荷重が作用するとき，たわみやたわみ角を求めるベッティの相反定理と呼ばれる次のような関係式が成り立つ．この式を暗記しておくと簡単に解くことができる問題があるので，確実に覚えることが大切である．

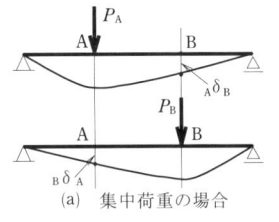

> **必ず覚える！公式19**
> ・集中荷重とたわみの関係（図4・14(a)参照）
> $P_A \cdot {}_B\delta_A = P_B \cdot {}_A\delta_B$ (4・1)
> ・モーメント荷重とたわみ角の関係（図4・14(b)参照）
> $M_A \cdot {}_B\theta_A = M_B \cdot {}_A\theta_B$ (4・2)

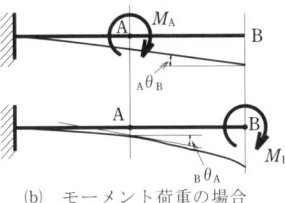

図4・14 ベッティの相反定理
(a) 集中荷重の場合
(b) モーメント荷重の場合

出題例28 図－1に示す弾性片持ばりの自由端Bに曲げモーメントMが作用した場合のA，B点の回転角が，図中に表した値になったとする．このときに図－2のような曲げモーメントがA，B点に同時に作用したときの自由端Bの回転角として，正しいものは，次のうちどれか．

1. 3θ
2. 4θ
3. 5θ
4. 6θ

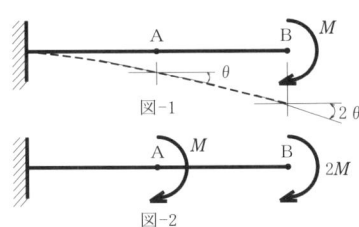

[解答例]
　この問題は，**ベッティの相反定理の公式**を活用して解く．
　　A点に曲げモーメントMが作用したとき，$M \times \theta = M \times \theta_{B1}$　∴ $\theta_{B1} = \theta$
　　B点に曲げモーメント$2M$が作用したとき，$2M \times 2\theta = M \times \theta_{B2}$　∴ $\theta_{B2} = 4\theta$
　以上より，$\theta_B = \theta_{B1} + \theta_{B2} = \theta + 4\theta = 5\theta$
　よって，3.が正解．

● 2・4　たわみの公式の応用計算

　片持ばりに集中荷重が作用したときのたわみの公式を覚えていると，単純ばりや両端固定ばりに集中荷重が作用したときのたわみを，次のように応用計算して求めることができる．

☞ 必ず覚える！ 重要事項――たわみの公式の応用

片持ばりのたわみの公式 $\delta = \dfrac{Pl^3}{3EI}$ を変形して図4・15のように応用計算する．

$$\delta_A = \frac{Pl^3}{48EI} \qquad \delta_B = \frac{Pl^3}{48EI} \qquad \delta_C = \frac{Pl^3}{192EI}$$

$$\delta_A = \frac{\frac{P}{2} \times \left(\frac{l}{2}\right)^3}{3EI} = \frac{Pl^3}{48EI}$$

$$\delta_B = \frac{\frac{P}{2} \times \left(\frac{l}{2}\right)^3}{3EI} = \frac{Pl^3}{48EI}$$

$$\frac{\delta_C}{2} = \frac{\frac{P}{2} \times \left(\frac{l}{4}\right)^3}{3EI} = \frac{Pl^3}{384EI}$$

$$\therefore \delta_C = \frac{Pl^3}{192EI}$$

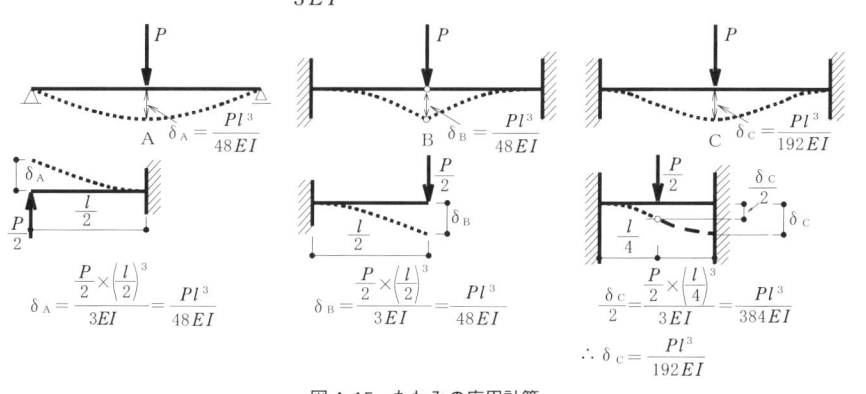

図4・15　たわみの応用計算

それぞれのはりのたわみの公式は，次のようになる（図4・15参照）．

はりA $\delta_A = \dfrac{Pl^3}{48EI}$	はりB $\delta_B = \dfrac{Pl^3}{48EI}$	はりC $\delta_C = \dfrac{Pl^3}{192EI}$

❖ちょっと発展

・仮想仕事式

$$\delta = \int \frac{M(x)\cdot \overline{M}(x)}{E\cdot I}\,dx \qquad (4\cdot 3)$$

① 片持ばりの場合（図4・16 参照）

$\int M(x)dx =$ 曲げモーメント図形の面積の値

$$= \frac{wl^2}{2} \times l \times \frac{1}{3} = \frac{wl^3}{6}$$

$\int \overline{M}(x)dx = (\overline{P}=1)$ の荷重を加えたときの元の曲げモーメント図の図心位置における M 値（これが距離になる）

$$= \frac{3l}{4}$$

したがって，片持ばりの先端のたわみ δ は，

$$\{(曲げモーメント図形の面積) \times \frac{1}{EI}\}$$

の先端の点に関する**断面一次モーメント（面積×図心までの距離）**として求められる．

$$\delta = \left(\frac{wl^3}{6} \times \frac{3l}{4}\right) \times \frac{1}{EI} = \frac{wl^4}{8EI}$$

また，片持ばりの先端のたわみ角 θ は，

$$\{(曲げモーメント図形の面積) \times \frac{1}{EI}\}$$

を仮想弾性荷重と考えたときの**全荷重 W** として求められる．

$$\theta = \frac{wl^3}{6} \times \frac{1}{EI} = \frac{wl^3}{6EI}$$

② 単純ばりの場合（図4・17 参照）

$\int M(x)dx =$ 曲げモーメント図形の面積の値

$$= \frac{wl^2}{8} \times \frac{l}{2} \times \frac{2}{3} = \frac{wl^3}{24}$$

$\int \overline{M}(x)dx = (\overline{P}=1)$ の荷重を加えたときの元の曲げモーメント図の図心位置における M 値（これが距離になる）

$$= \frac{5l}{32}$$

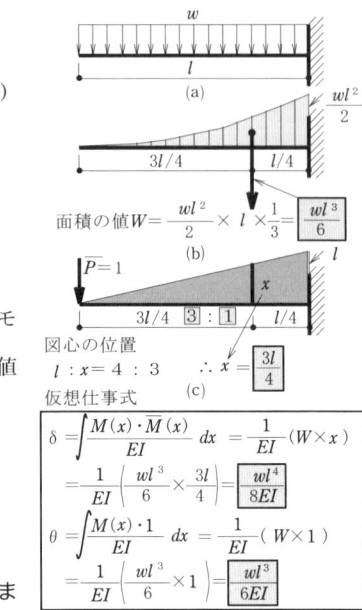

図 4·16 片持ばりの場合の例

面積の値 $W = \frac{wl^2}{2} \times l \times \frac{1}{3} = \boxed{\frac{wl^3}{6}}$

図心の位置
$l : x = 4 : 3 \quad \therefore x = \boxed{\frac{3l}{4}}$

仮想仕事式

$$\delta = \int \frac{M(x)\cdot \overline{M}(x)}{EI}\,dx = \frac{1}{EI}(W \times x)$$
$$= \frac{1}{EI}\left(\frac{wl^3}{6} \times \frac{3l}{4}\right) = \boxed{\frac{wl^4}{8EI}}$$
$$\theta = \int \frac{M(x)\cdot 1}{EI}\,dx = \frac{1}{EI}(W \times 1)$$
$$= \frac{1}{EI}\left(\frac{wl^3}{6} \times 1\right) = \boxed{\frac{wl^3}{6EI}}$$

$V_A = \frac{wl^3}{24}$

面積の値 $W = \frac{wl^2}{8} \times \frac{l}{2} \times \frac{2}{3} = \boxed{\frac{wl^3}{24}}$

(b) 曲げモーメント図

図心の位置
$\frac{l}{4} : x = 8 : 5 \quad \therefore x = \boxed{\frac{5l}{32}}$

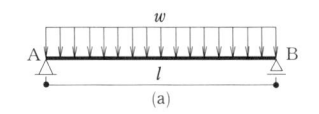

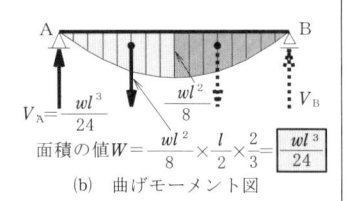

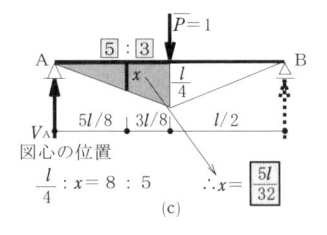

図 4·17 単純ばりの場合の例(1)

したがって，単純ばりの中央のたわみ δ は，

$$\{(曲げモーメント図形の左半分の面積) \times \frac{1}{EI}\}$$

の中央の点に関する断面一次モーメント（面積×図心までの距離）として求められる．

$$\delta = \left(\frac{wl^3}{24} \times \frac{5l}{32}\right) \times \frac{1}{EI} = \frac{5wl^4}{768EI}$$

両側に図形があるから，2倍して，

$$\delta = \frac{5wl^4}{768EI} \times 2 = \frac{5wl^4}{384EI}$$

また，単純ばりの左支点のたわみ角 θ は，

$$(曲げモーメント図形の面積) \times \frac{1}{EI}$$

を仮想弾性荷重と考えたときの左半分の弾性荷重（＝支点の反力）として求められる．

$$\theta = \frac{wl^3}{24} \times \frac{1}{EI} = \frac{wl^3}{24EI}$$

仮想仕事式

$$\delta = \int \frac{M(x) \cdot \overline{M}(x)}{EI} dx = \frac{1}{EI}(W \times x)$$
$$= \frac{1}{EI}\left(\frac{wl^3}{24} \times \frac{5l}{32}\right) \times 2 = \boxed{\frac{5wl^4}{384EI}}$$
$$\theta = \int \frac{M(x) \cdot 1}{EI} dx = \frac{1}{EI}(W \times 1)$$
$$= \frac{1}{EI}\left(\frac{wl^3}{24} \times 1\right) = \boxed{\frac{wl^3}{24EI}}$$

図 4·17　単純ばりの場合の例(2)

第5章 不静定ばりの応力

　本章で取り上げる不静定ばりの応力の出題頻度は，10年間で2～3問とそれほど高い頻度ではない．前章のたわみの公式を暗記していれば，解ける問題もあるので，第4章に関連する問題は確実に解けるようにしておくことが肝要である．

　本章では，まず，過去問の中から，最大たわみを活用して不静定ばりを解く典型的な問題を解説した．この問題の要点は，最大たわみが与えられているから，この公式を用いて**解法の手順**に従って順に解いていくことである．

　次に，不静定ばりの最大曲げモーメントの比を求める問題を出題例に掲げたが，この問題は，不静定ばりを解くというよりは，最大曲げモーメントの値を暗記していれば簡単に求めることができる問題である．「**必ず覚える！公式20**」に各種のはりにいろいろな荷重が加わった場合の最大曲げモーメントの値を示した．必ず，**暗記しておく**ことが重要である．

1 不静定ばりの解法

　不静定ばりは，力のつり合い条件のみでは反力や応力を求めることができない構造物である．したがって，たわみなど部材の変形を考え合わせて解かなければならない．

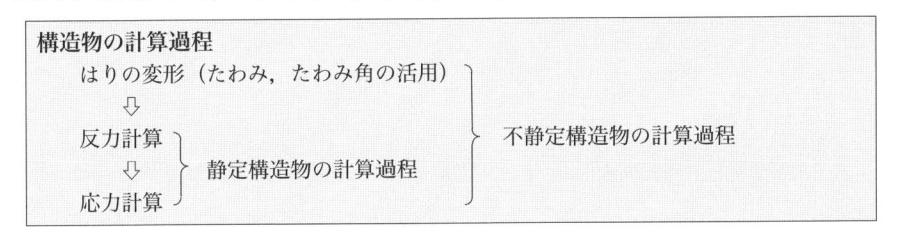

```
構造物の計算過程
    はりの変形（たわみ，たわみ角の活用）
         ⇩
    反力計算                              　不静定構造物の計算過程
         ⇩      静定構造物の計算過程
    応力計算
```

　静定構造物は，力のつり合い条件を活用して，すぐに反力計算を行えるが，不静定構造物は，まず，たわみ・たわみ角の公式を用いて反力の一部を求め，その後，反力全体を求めて応力計算に進むことになる．この点が静定構造物と異なり，複雑な計算が要求されることになる．しかし，この計算の考え方の手順を理解すれば，苦手意識も少しは解消されることであろう．

解法の手順（たわみを活用する例，図5・1参照）

① 支点Aは，移動支点であるから，上下の移動が拘束されている（図(a)参照）．
∴ $\delta_A = 0$

② 支点Aをいったん取り除き，荷重によって下にたわませる．そのときのたわみの大きさをδ_{A1}とする（図(b)参照）．
$$\delta_{A1} = \frac{wl^4}{8EI}$$

③ 支点Aの位置に，余力（反力）としてV_Aを働かせて上にたわませる．そのときのたわみの大きさをδ_{A2}とする（図(c)参照）．
$$\delta_{A2} = -\frac{V_A l^3}{3EI}$$

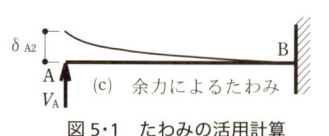

図5・1 たわみの活用計算

④ このとき，$\delta_A = 0$ より，$\delta_{A1} + \delta_{A2} = 0$ となる．
⑤ 反力の一部のV_Aを求める．
$$\delta_{A1} + \delta_{A2} = \frac{wl^4}{8EI} + \left(-\frac{V_A l^3}{3EI}\right) = 0 \quad \therefore V_A = \frac{wl^4}{8EI} \times \frac{3EI}{l^3} = \frac{3wl}{8}$$

⑥ 静定ばりの計算方法と同様に，残りの反力および応力を求める（図5・2参照）．
$\Sigma Y = 0$ より
$V_A - W + V_B = 0$
$\therefore V_B = W - V_A = wl - \frac{3wl}{8} = \frac{5wl}{8}$

$\Sigma M_B = 0$ より
$V_A \times l - W \times \frac{l}{2} + R_{MB} = 0$
$\therefore R_{MB} = \frac{wl^2}{2} - \frac{3wl^2}{8} = \frac{wl^2}{8}$

$Q = 0$ の点を求める．
$x_0 = \frac{3l}{8}$

M_{max} を求める．
$M_{max} = V_A \times \frac{3l}{8} - w \times \frac{3l}{8} \times \frac{3l}{16}$
$= \frac{9wl^2}{64} - \frac{9wl^2}{128} = \frac{9wl^2}{128}$

図5・2 応力図

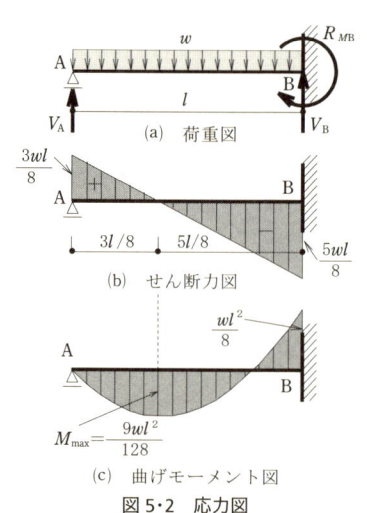

では，実際の出題例で解き方を学んでみよう．

出題例 29 同じ単純ばりが等分布荷重 w および集中荷重 P を受ける場合のはりの中央の鉛直変位が，図－1の(a) および (b) のように与えられている．図－1のはりと同一断面，同一材質からなる図－2のはりのA点の鉛直反力 R_A と B 点の鉛直反力 R_B の大きさの比として，正しいものは，次のうちどれか．ただし，はりの自重は無視するものとする．

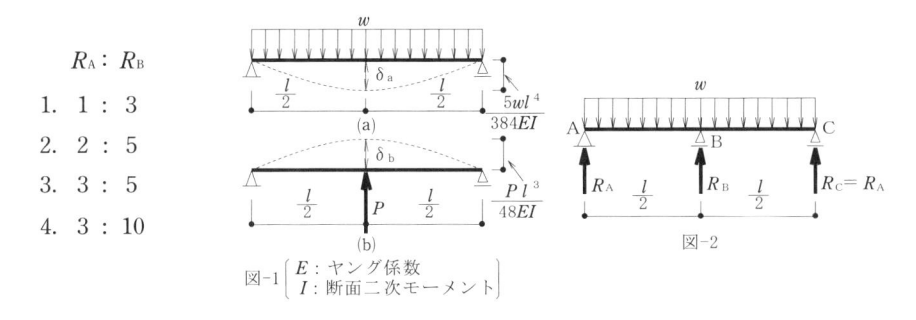

$R_A : R_B$

1. $1 : 3$
2. $2 : 5$
3. $3 : 5$
4. $3 : 10$

図-1 (E：ヤング係数　I：断面二次モーメント)

図-2

〔解答例〕

図 5・3 において，B 点は移動支点で上下の移動は拘束されているから，たわみは 0 である．B 点を取り除いた図－1において，等分布荷重 w によるはり (a) の中央のたわみ

$$\delta_a = \frac{5wl^4}{384EI}$$

と集中荷重 P によるはり (b) の中央のたわみ

$$\delta_b = \frac{Pl^3}{48EI}$$

とが等しいことになる．このとき $P = R_B$ とおいて，

$$\frac{5wl^4}{384EI} = \frac{Pl^3}{48EI} = \frac{R_B l^3}{48EI}$$

$$\therefore R_B = \frac{5wl^4}{384EI} \times \frac{48EI}{l^3} = \frac{5wl}{8} \ \text{となる．}$$

また，反力 R_A は，図 5・4 より，

$$R_A = \frac{wl}{2} - \frac{P}{2} = \frac{wl}{2} - \frac{R_B}{2}$$

$$= \frac{wl}{2} - \frac{1}{2} \times \frac{5wl}{8} = \frac{3wl}{16}$$

$$\therefore R_A : R_B = \frac{3wl}{16} : \frac{5wl}{8} = 3 : 10$$

図 5・3

図 5・4

よって，4. が正解．

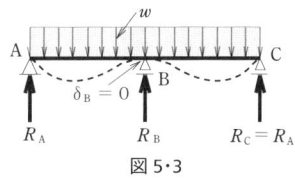

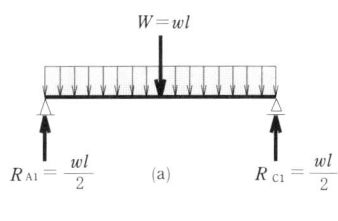

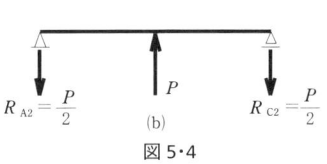

出題例 30　図のような等分布荷重 w を受けるはり A，B，C に生ずる最大曲げモーメントをそれぞれ M_A，M_B，M_C としたとき，それらの比 $M_A:M_B:M_C$ として，正しいものは，次のうちどれか．ただし，すべてのはりは等質等断面で，長さが等しく，応力は弾性範囲内にあるものとする．

$M_A:M_B:M_C$

1. $1:\dfrac{1}{2}:\dfrac{1}{3}$
2. $1:\dfrac{2}{3}:\dfrac{1}{3}$
3. $1:1:\dfrac{1}{2}$
4. $1:1:\dfrac{2}{3}$

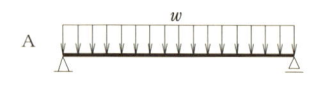

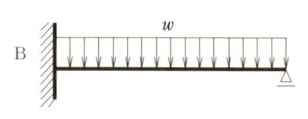

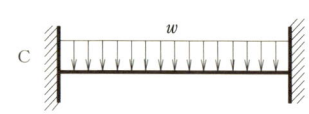

解答例

　はり B，C は不静定ばりである．これらのはりをたわみなどの公式を用いて解いていたら時間がなくなり，他の問題を解くことができなくなってしまう．

　そこで，冒頭で述べたように，各種の公式を暗記することが重要になってくる．

　「必ず覚える！公式 20」に各種のはりにいろいろな荷重が加わった場合の最大曲げモーメントの値を示したので，暗記してください．

　ここでは，問題の最大曲げモーメントの値を記し，その比を求める．

　はり A　$M_A = \dfrac{wl^2}{8}$　　　はり B　$M_B = \dfrac{wl^2}{8}$　　　はり C　$M_C = \dfrac{wl^2}{12}$

したがって，$M_A:M_B:M_C = \dfrac{wl^2}{8} : \dfrac{wl^2}{8} : \dfrac{wl^2}{12} = 1:1:\dfrac{2}{3}$

よって，4. が正解．

出題例 31　図のようなはり A，B，C にそれぞれ荷重 P が作用している場合，はり A，B，C における応力，たわみ等の大きさの比（A：B：C）として，誤っているものは，次のうちどれか．ただし，すべてのはりは，全長にわたって等質等断面であり，はりの質量の影響は無視するものとする．

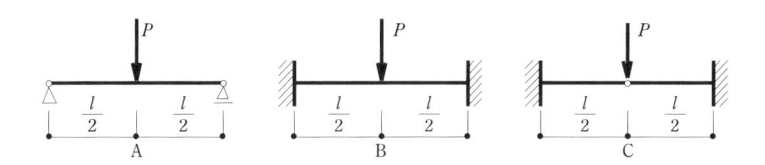

応力，たわみ等	A：B：C
1. 最大曲げモーメント	2：1：2
2. 最大せん断力	1：1：1
3. 荷重点のたわみ	2：1：2
4. 崩壊荷重	1：2：1

[解答例]

① 最大曲げモーメントは，「**必ず覚える！公式20**」から，

$$M_A : M_B : M_C = \frac{Pl}{4} : \frac{Pl}{8} : \frac{Pl}{4} = 2 : 1 : 2$$

② 最大せん断力は，中央に集中荷重が作用しているから，それぞれが $P/2$ となる．

$$Q_A : Q_B : Q_C = \frac{P}{2} : \frac{P}{2} : \frac{P}{2} = 1 : 1 : 1$$

③ 荷重点のたわみは，「**必ず覚える！重要事項—たわみの公式の応用**」から，

$$\delta_A : \delta_B : \delta_C = \frac{Pl^3}{48EI} : \frac{Pl^3}{192EI} : \frac{Pl^3}{48EI} = 4 : 1 : 4 \ \ \text{N.G.}$$

④ 崩壊荷重の大きさは，次のようになる．

$$P_{uA} \times \frac{l}{2} \cdot \theta = M_P \times 2\theta \quad \therefore P_{uA} = \frac{4M_P}{l}$$

$$P_{uB} \times \frac{l}{2} \cdot \theta = M_P \times \theta + M_P \times 2\theta + M_P \times \theta \quad \therefore P_{uB} = \frac{8M_P}{l}$$

$$P_{uC} \times \frac{l}{2} \cdot \theta = M_P \times \theta + M_P \times \theta \quad \therefore P_{uC} = \frac{4M_P}{l}$$

したがって，

$$P_{uA} : P_{uB} : P_{uC} = \frac{4M_P}{l} : \frac{8M_P}{l} : \frac{4M_P}{l} = 1 : 2 : 1$$

よって，3. が誤り．

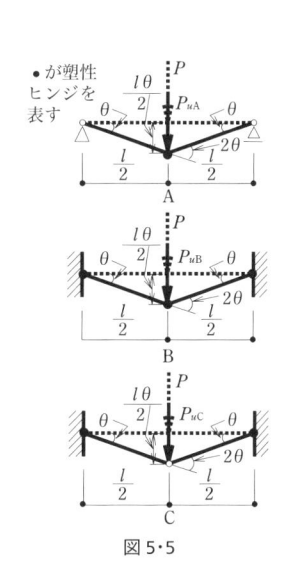

図 5・5

2 各種はりの最大曲げモーメント

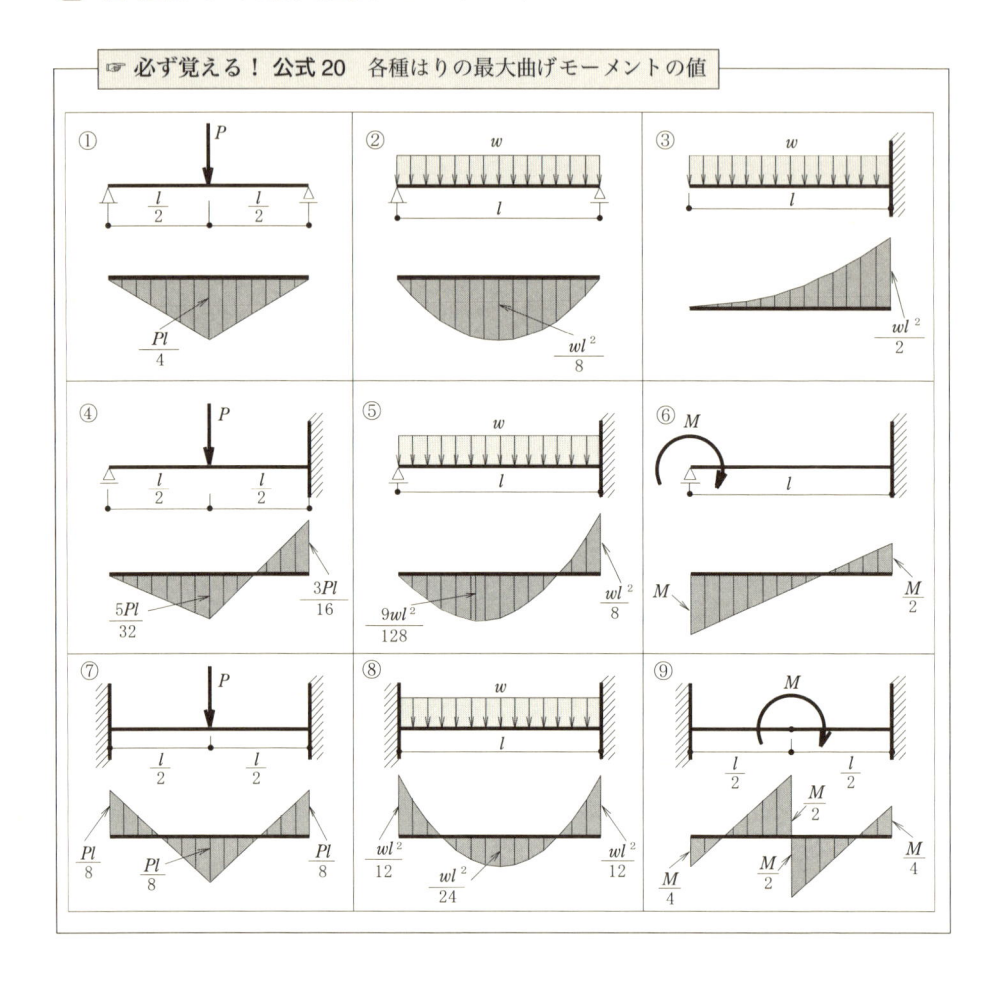

☞ 必ず覚える！ 公式20　各種はりの最大曲げモーメントの値

① $\dfrac{Pl}{4}$

② $\dfrac{wl^2}{8}$

③ $\dfrac{wl^2}{2}$

④ $\dfrac{5Pl}{32}$, $\dfrac{3Pl}{16}$

⑤ $\dfrac{9wl^2}{128}$, $\dfrac{wl^2}{8}$

⑥ M, $\dfrac{M}{2}$

⑦ $\dfrac{Pl}{8}$, $\dfrac{Pl}{8}$, $\dfrac{Pl}{8}$

⑧ $\dfrac{wl^2}{12}$, $\dfrac{wl^2}{24}$, $\dfrac{wl^2}{12}$

⑨ $\dfrac{M}{4}$, $\dfrac{M}{2}$, $\dfrac{M}{2}$, $\dfrac{M}{4}$

第6章 不静定ラーメンの応力①

本章と次章で取り上げる不静定ラーメンの応力の出題頻度は，10年間で5～6問とかなり高い頻度であり，2年に1問は出題されていることになる．

本章では，まず，過去問の中から，固定モーメント法を活用した典型的な問題を解説する．

固定モーメント法の問題を解くカギは，**考え方**をつかむことにある．その考え方の要点は，節点の回転を止めて両端固定の状態を作り出すことと，解放モーメントを与え，このモーメントを剛比に基づいてはり・柱の材端に分配することにある．

1 剛度と剛比

剛度とは，柱・はりなどの部材の**かたさや曲がりにくさ**を示す指標で，次式から求める．剛度が大きいほど部材はかたくて曲がりにくい．

> **☞ 必ず覚える！公式21**
>
> $$剛度 K = \frac{I}{l} = \frac{部材の断面二次モーメント}{部材の長さ} \tag{6・1}$$

剛比とは，標準剛度（基準になる部材の剛度）を K_0 としたとき，柱・はりなどの個々の部材の剛度 K を標準剛度 K_0 に対する比として表したもので，次式から求める．

> **☞ 必ず覚える！公式22**
>
> $$剛比\ k = \frac{K}{K_0} = \frac{その部材の剛度}{標準剛度} \tag{6・2}$$

標準剛度 K_0 は，任意の値でもよいが，通常は剛度の中で最も小さな値を用いることが多い．標準剛度として用いた部材の剛比は，常に，1である．

では，剛比に関する問題を解いてみよう．

問題例1 図のようなラーメンにおいて，柱Aを基準としたときのはりBの剛比として，正しいものは，右のうちどれか．ただし，はりBの断面二次モーメントの値は，柱Aの断面二次モーメントの値の3倍とする．

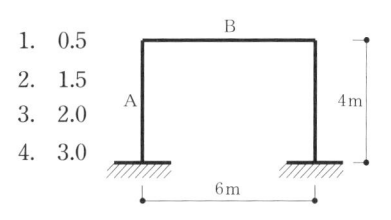

1. 0.5
2. 1.5
3. 2.0
4. 3.0

[解答例]

柱Aを基準とするから，柱の剛度K_Aを標準剛度K_0とする．
また，柱Aの断面二次モーメントをI_Aとすると，はりBの断面二次モーメントは$I_B = 3I_A$となる．

$$柱Aの剛度 K_A = K_0 = \frac{I_A}{l_A} = \frac{I_A}{4\,\text{m}}$$

$$はりBの剛度 K_B = \frac{I_B}{l_B} = \frac{3I_A}{6\,\text{m}}$$

したがって，はりBの剛比k_Bは，

$$k_B = \frac{K_B}{K_0} = \frac{3I_A/6}{I_A/4} = \frac{3I_A}{6} \times \frac{4}{I_A} = 2 \text{ となる．}$$

よって，3.が正解．

なお，図6·1(a)に示すように，節点Oの他端が固定支持の場合はそのままの剛比の値kを用いてもよいが，図(b)のように，他端がピンの場合は式(6·3)を用いて有効剛比k_eを計算する．

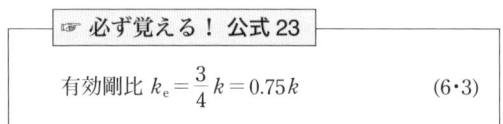

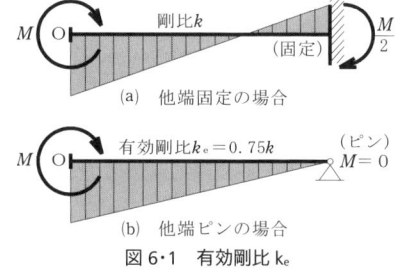

☞ **必ず覚える！ 公式23**

有効剛比 $k_e = \dfrac{3}{4}k = 0.75k$ (6·3)

図6·1 有効剛比 k_e
(a) 他端固定の場合
(b) 他端ピンの場合

2 分配モーメント

節点にモーメントが加わると，部材の剛性，すなわち剛比kに応じて比例配分されたモーメントが各部材に分配される．この分配されたモーメントを**分配モーメント**という．
図6·2に示すようなラーメンの節点AにモーメントMAが加わったとき，各部材が分担す

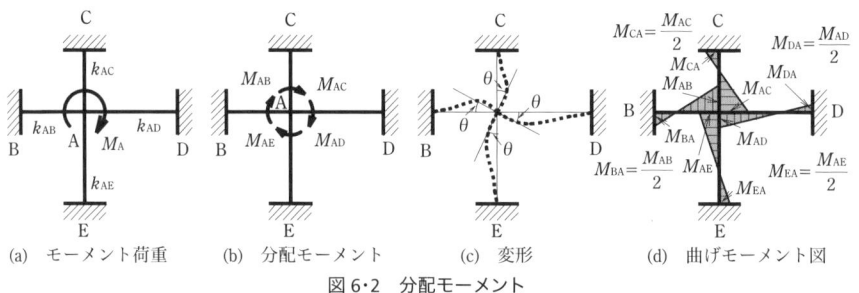

(a) モーメント荷重　(b) 分配モーメント　(c) 変形　(d) 曲げモーメント図

図6·2 分配モーメント

るモーメントは，次のように計算する（図6・2および「**必ず覚える！公式24**」参照）．分配モーメントは，固定された他端には，その1/2が伝達される．このモーメントを**到達モーメント**という．

☞ 必ず覚える！ 公式24

・分配モーメント

$$M_{AB} = \frac{k_{AB}}{\Sigma k} \cdot M_A, \quad M_{AC} = \frac{k_{AC}}{\Sigma k} \cdot M_A$$

$$M_{AD} = \frac{k_{AD}}{\Sigma k} \cdot M_A, \quad M_{AE} = \frac{k_{AE}}{\Sigma k} \cdot M_A \tag{6・4}$$

このとき，

$$M_A = M_{AB} + M_{AC} + M_{AD} + M_{AE} \tag{6・5}$$

$$\Sigma k = k_{AB} + k_{AC} + k_{AD} + k_{AE} \tag{6・6}$$

また，分割されたモーメントは，固定端側にその値の1/2が伝達される．

・到達モーメント

$$M_{BA} = \frac{1}{2} \times M_{AB}, \quad M_{CA} = \frac{1}{2} \times M_{AC}, \quad M_{DA} = \frac{1}{2} \times M_{AD}, \quad M_{EA} = \frac{1}{2} \times M_{AE} \tag{6・7}$$

では，有効剛比に関する問題を解いてみよう．

問題例2 図のようなラーメンにおいて，A点に72kN・mのモーメントが作用したときの，D点の曲げモーメントの値として，正しいものは，次のうちどれか．

1. 6kN・m
2. 8kN・m
3. 10kN・m
4. 12kN・m

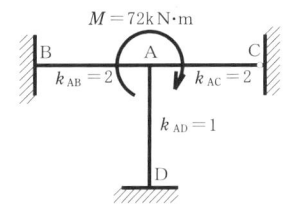

〔解答例〕

C点はピンであるから有効剛比 k_e を用いる．

$k_{e(AC)} = 0.75 k_{AC} = 0.75 \times 2 = 1.5$

$M = 72\mathrm{kN \cdot m}$ を AB，AC，AD の3部材に分配する．このとき，剛比の合計は，$2 + 1.5 + 1 = 4.5$ となり，分配率は 2/4.5，1.5/4.5，1/4.5 となる．

では，AB部材にモーメント M を分配してみよう．分配率は 2/4.5 である．

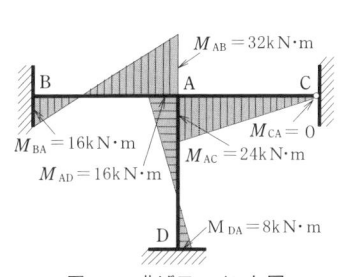

図6・3 曲げモーメント図

$$M_{AB} = M \times \frac{2}{2+1.5+1} = 72 \times \frac{2}{4.5} = 32 \text{kN·m}$$

B点は固定端であるから，A点に分配されたモーメント M_{AB} の 1/2 が伝達される．

$$M_{BA} = \frac{1}{2} M_{AB} = \frac{1}{2} \times 32 = 16 \text{kN·m}$$

次に，AC部材に分配してみよう．分配率は 1.5/4.5 である．

$$M_{AC} = M \times \frac{1.5}{2+1.5+1} = 72 \times \frac{1.5}{4.5} = 24 \text{kN·m}$$

C点はピンであるから，伝達されるモーメントは 0 である．

$M_{CA} = 0$ （C点はピン）

最後に，分配率 1/4.5 である AD 部材にモーメントを分配してみよう．

$$M_{AD} = M \times \frac{1}{2+1.5+1} = 72 \times \frac{1}{4.5} = 16 \text{kN·m}$$

D点は固定端であるから，A点に分配されたモーメント M_{AD} の 1/2 が伝達される．

$$M_{DA} = \frac{1}{2} M_{AD} = \frac{1}{2} \times 16 = 8 \text{kN·m}$$

曲げモーメント図は図 6・3 のようになる．

よって，2. が正解．

❸ 固定モーメント法による解法

固定モーメント法は，たわみ角法のように，多元連立方程式を解くことなく，図上計算によって材端モーメントを求めることができる方法である．

ここでは，節点が移動しないラーメンの解き方について学ぶ．

では，固定モーメント法の解法の手順を説明しよう．

解法の手順＜固定モーメント法＞

図6・4　固定モーメント図

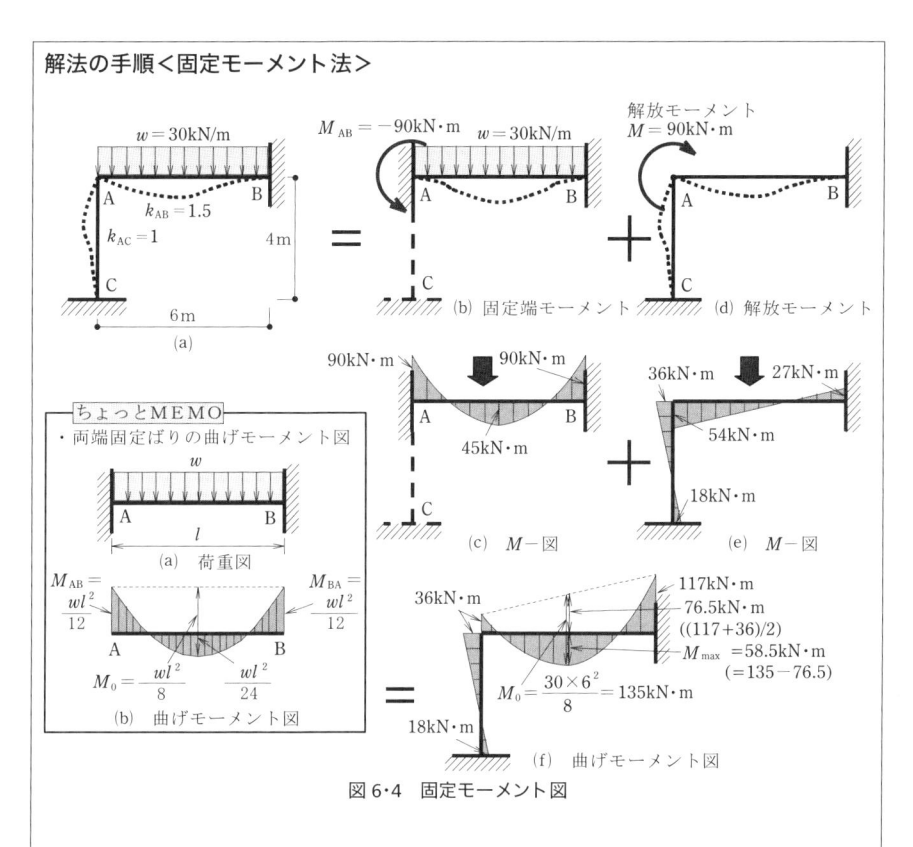

① 図6・4(a)のラーメンにおいて、図(b)のように、固定端モーメント $M_{AB} = -90\text{kN·m}$ $\left(= -\dfrac{wl^2}{12} = -\dfrac{30 \times 6^2}{12} = -90\text{kN·m} \right)$ をA点に加えて、はりABを両端固定ばりとする。このときの曲げモーメント図は、図(c)のようになる。

② A点を固定としたときの固定端モーメント FEM（Fixed End Moment）の和を求める（図(b)参照）。
鉛直荷重のみが加わった場合、柱ACには固定端モーメントは生じない。
　∴ 固定端モーメントの和 $M = M_{AB} + M_{AC} = -90 + 0 = -90\text{kN·m}$
このとき、$M \neq 0$ となり、A点ではモーメントがつり合っていないことになる。この固定端モーメントの和（-90kN·m）を**不つり合いモーメント**という。

③ 解放モーメントを加える（図(d)参照）。
A点に生じている不つり合いモーメントと大きさが等しく、向きが反対のモーメント（**解放モーメント** $= 90\text{kN·m}$）をA点に作用させる。

④ 解放モーメントを分配する。
A点に作用させた解放モーメントを、A点に集まるAB材、AC材の2部材に剛比の割合で分配する。分配する割合を**分配率** DF（Distribution Factor）といい、分配されたモーメントを**分配モーメント** D（Distributed Moment）という。

第6章　不静定ラーメンの応力①　83

・分配率 DF（図6・5参照）

$$DF_{AB} = \frac{k_{AB}}{k_{AB}+k_{AC}} = \frac{1.5}{1.5+1.0} = 0.6$$

$$DF_{AC} = \frac{k_{AC}}{k_{AB}+k_{AC}} = \frac{1.0}{1.5+1.0} = 0.4$$

分配モーメント D_1（図6・4(e)参照）
D_1 =（解放モーメント）×（分配率）
　　 = －（固定端モーメント）×（分配率）
　　 = －（FEM）×（DF）
では，図6・4の例を計算してみよう．
AB部材のA点の分配モーメント
　$D_1 = M_{AB} = 90 × 0.6 = 54\text{kN·m}$
AC部材のA点の分配モーメント
　$D_1 = M_{AC} = 90 × 0.4 = 36\text{kN·m}$

⑤ 到達モーメントを求める．
A点にモーメントが作用して各部材にモーメントが分配されると，各材の他端が固定端の場合には，分配モーメントの（1/2）が材端に生じる．このモーメントを**到達モーメント C**（Carry-over Moment）という．
到達モーメント C_1（図6・4(e)参照）
　$C_1 = (1/2) × D_1$
では，図6・4の例を計算してみよう．
AB部材のB点の到達モーメント
　$C_1 = M_{BA} = 54 × (1/2) = 27\text{kN·m}$
AC部材のC点の到達モーメント
　$C_1 = M_{CA} = 36 × (1/2) = 18\text{kN·m}$

⑥ 曲げモーメント図を求める．
不つり合いモーメントを作用させたときのモーメント図(c)と，解放モーメントを作用させたときのモーメント図(e)を加え合わせて当初の荷重状態のモーメント図を求めることができる（図6・4(f)参照）．
はり中央の曲げモーメントを求める。

$$M_{max} = M_0 - \frac{M_{AB}+M_{BA}}{2} = \frac{30×6^2}{8} - \frac{36+117}{2}$$
$$= 135 - 76.5 = 58.5\text{kN·m}$$

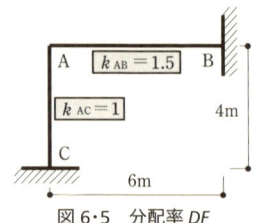

図6・5　分配率 DF

では，実際の出題例で問題を解いてみよう．

出題例32　図のような集中荷重 P を受けるラーメンの曲げモーメント図として正しいものは，次のうちどれか．ただし，柱とはりの剛比は等しいものとし，曲げモーメントは材の引張側に描くものとする．

また，$M_0 = \dfrac{1}{32}Pl$ とする．

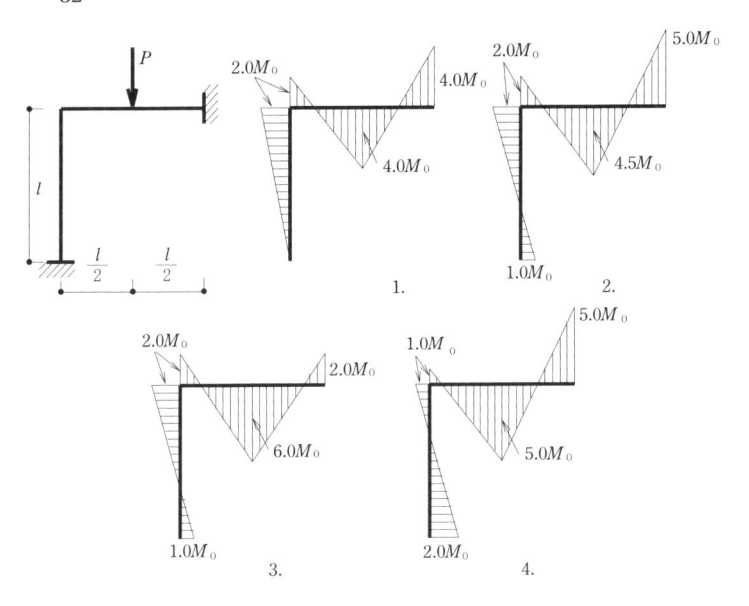

1.
2.
3.
4.

[解答例]

固定モーメント法で解く．

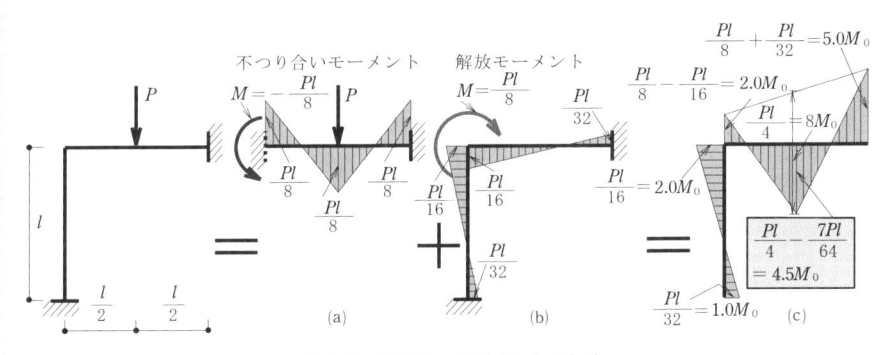

図 6・6 固定モーメント法（出題例）

図 6・6(a)のように，はりを両端固定とするために，左端に不つり合いモーメント $\left(M = -\dfrac{Pl}{8}\right)$ を加え，図 6・6(a)のような曲げモーメント図を得る．

次に，$M = \dfrac{Pl}{8}$ の解放モーメントを図(b)のように加え，それをはり部材と柱部材とに剛比に基づいて分配する．この問題では，はりと柱の剛比が等しいからそれぞれに半

分を分配し，図(b)のように解く．

・分配モーメント D_1

　　はり左端 $M = \dfrac{1}{2} \times \dfrac{Pl}{8} = \dfrac{Pl}{16}$

　　柱上端 $M = \dfrac{1}{2} \times \dfrac{Pl}{8} = \dfrac{Pl}{16}$

・到達モーメント C_1

　　はり右端 $M = \dfrac{Pl}{16} \times \dfrac{1}{2} = \dfrac{Pl}{32}$

　　柱下端 $M = \dfrac{Pl}{16} \times \dfrac{1}{2} = \dfrac{Pl}{32}$

　図(a)と図(b)を加え合わせた図6・6(c)が求める曲げモーメント図となる．

・曲げモーメントの値

　　はり左端　$M = \dfrac{Pl}{8} - \dfrac{Pl}{16} = \dfrac{Pl}{16} = 2.0 M_0$

　　はり右端　$M = \dfrac{Pl}{8} + \dfrac{Pl}{32} = \dfrac{5Pl}{32} = 5.0 M_0$

　　柱上端　$M = \dfrac{Pl}{16} = 2.0 M_0$

　　柱下端　$M = \dfrac{Pl}{32} = 1.0 M_0$

　　はり中央　$M = \dfrac{Pl}{4} - \dfrac{1}{2} \times \left(\dfrac{Pl}{16} + \dfrac{5Pl}{32}\right) = \dfrac{Pl}{4} - \dfrac{7Pl}{64} = \dfrac{9Pl}{64} = 4.5 M_0$

よって，2.が正解．

第7章 不静定ラーメンの応力②

　前章と本章で取り上げる不静定ラーメンの応力の出題頻度は，10年間で5～6問とかなり高い頻度であり，2年に1問は出題されていることになる．
　本章では，まず，過去問の中から，長方形ラーメンの応力としては典型的な問題を解説し，次に，反曲点の位置を与えられた問題を出題例として挙げた．
　長方形ラーメンの応力を求める問題の要点は，**解法の手順**である．解く順序を間違えると解答が出ないことになるので，注意が必要である．

1 長方形ラーメンの応力

　長方形ラーメンに水平荷重が作用して，柱の曲げモーメント図が与えられている場合の，はりの曲げモーメント，柱とはりのせん断力，柱の軸方向力などの値を求めるのがここでの問題の題意である．
　この問題を解くには，

> a. 解く順序を確実に覚えておくこと
> b. 必要な公式を暗記しておくこと

の2つのことをマスターしておくことが重要である．
　解法の順序は，実務では，次のような順序で計算を行っている．

> **実務での解法の手順**
> ① 水平荷重の大きさの決定
> ② 水平荷重を柱に配分（柱のせん断力の決定）
> ③ 柱の曲げモーメントの決定
> ④ はりの曲げモーメントの決定
> ⑤ はりのせん断力の決定
> ⑥ 柱の軸方向力の決定

　a. ①の水平荷重の大きさを決定する計算や②の水平荷重を柱へ配分する計算は，かなり複雑な計算を必要とする．また，図表などを用いないと計算できないこともあり，建築士試験では，複雑な計算部分や図表などを用いる部分を除いて出題されている．
　すなわち，③の柱の曲げモーメントの値が問題に与えられていて，③→②→①と逆算する問題と，③→④→⑤→⑥と順に解く問題が出題されている．
　これらの計算は，それぞれが関連しているので，1つ計算を間違えると次の計算も間

違ってしまうので，確実な計算を行うとともに，常に検算をすることが大切である．

b．次は，必要な**公式の暗記**である．

これらの値は，すべて公式から算出される．したがって，公式を確実に暗記しておれば恐れることはない．では，解法の手順と公式を示すので，これらを暗記してください．

解法の手順と公式＜長方形ラーメン＞

まず始めに，曲げモーメントと材端モーメントの違いを明確にしておこう．

曲げモーメントは，部材を曲げようとする1対のモーメントのことをいい，**材端モーメント**は，曲げモーメントが生じている部材の端部で，1対のモーメントのうち**外側のモーメント**のことをいう（図7・1 参照）．

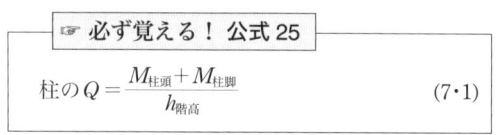

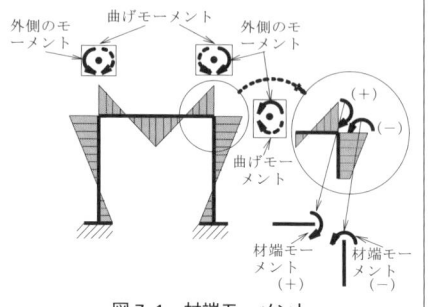

図7・1　材端モーメント

a．③柱の曲げモーメント⇨②柱のせん断力への計算

柱の材端モーメントを用いて，柱のせん断力を求める公式は次式である（図7・2 参照）．

> ☞ **必ず覚える！公式25**
>
> $$柱のQ = \frac{M_{柱頭} + M_{柱脚}}{h_{階高}} \quad (7・1)$$

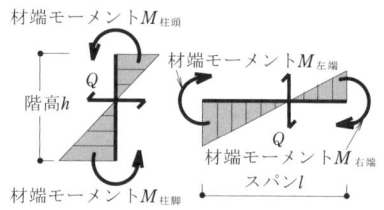

図7・2　柱・はりのせん断力 Q

b．②柱のせん断力⇨①水平荷重の大きさへの計算

柱のせん断力 Q が求まれば，逆算で水平荷重を求めることができる．

すなわち，ある層のせん断力の合計は，その層より上の層に作用する水平荷重の総和となる．したがって，その層の床に作用する水平荷重は，その層のせん断力の合計から上層の水平荷重をすべて差し引くことになる（図7・3 および「必ず覚える！公式26」を参照）．

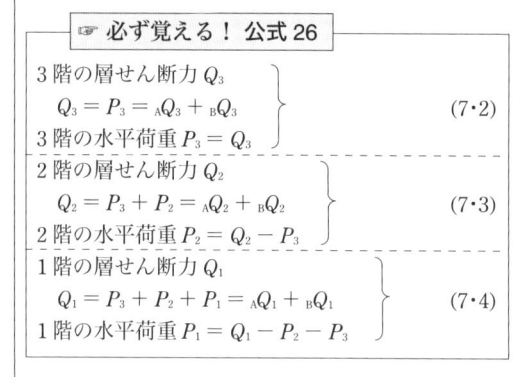

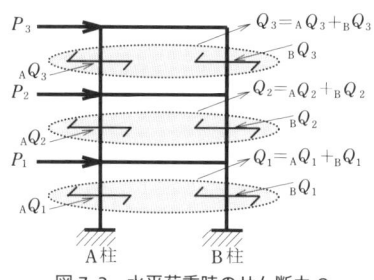

> ☞ **必ず覚える！公式26**
>
> 3階の層せん断力 Q_3
> $$Q_3 = P_3 = {}_A Q_3 + {}_B Q_3 \quad (7・2)$$
> 3階の水平荷重 $P_3 = Q_3$
>
> 2階の層せん断力 Q_2
> $$Q_2 = P_3 + P_2 = {}_A Q_2 + {}_B Q_2 \quad (7・3)$$
> 2階の水平荷重 $P_2 = Q_2 - P_3$
>
> 1階の層せん断力 Q_1
> $$Q_1 = P_3 + P_2 + P_1 = {}_A Q_1 + {}_B Q_1 \quad (7・4)$$
> 1階の水平荷重 $P_1 = Q_1 - P_2 - P_3$

図7・3　水平荷重時のせん断力 Q

c. ③柱の曲げモーメント⇨④はりの曲げモーメントへの計算

　柱の曲げモーメント（材端モーメント）が求まれば，はりの曲げモーメント（材端モーメント）が決まる．すなわち，柱のモーメントの値をはりに配分するのである．

　配分の基本は，節点でモーメントがつり合っていることである．柱に正のモーメントが作用していれば，はりには同じ値の負のモーメントを配分する．

　配分方法は，基本的には剛比に比例して配分するのであるが，建築士試験では左右のはりの剛比は等しいことが多い．したがって，柱のモーメントを2等分して配分すればよい．

材端モーメントの配分のパターン

ア．柱1本にはり1本が接合している場合
　図(a)のように，柱1本にはり1本が直角に接合されている場合は，材端モーメントの正負は逆になるが，**同値を配分**すればよい．

イ．柱2本にはり1本が接合している場合
　図(b)のように，柱が上下階の2本になる場合は，上階の柱脚の材端モーメントと下階の柱頭の材端モーメントの和をはりに配分する．

ウ．柱1本にはり2本が接合している場合
　図(c)のように，柱1本にはり2本が直角に接合されている場合は，柱の柱頭の材端モーメントの半分をはりに配分する．

エ．柱2本にはり2本が接合している場合
　図(d)のように，柱2本にはり2本が十字形に接合されている場合は，上階の柱脚の材端モーメントと下階の柱頭の材端モーメントの和を2等分してはりに配分する．すなわち，柱の材端モーメントを足して2で割ればよい．

〔アのパターン〕
柱の材端モーメント $M_{柱頭}$
はりの材端モーメント
$M_{左端} = M_{柱頭}$
(a)

〔ウのパターン〕
柱の材端モーメント $M_{柱頭}$
はりの材端モーメント $M_{右端} = \dfrac{M_{柱頭}}{2}$
はりの材端モーメント $M_{左端} = \dfrac{M_{柱頭}}{2}$
(c)

〔イのパターン〕
柱の材端モーメント $M_{柱脚}$　柱の材端モーメント $M_{柱頭}$
はりの材端モーメント
$M_{左端} = M_{柱頭} + M_{柱脚}$
(b)

〔エのパターン〕
柱の材端モーメント $M_{柱脚}$　はりの材端モーメント
はりの材端モーメント　柱の材端モーメント $M_{柱頭}$
$M_{左端} = \dfrac{M_{柱頭} + M_{柱脚}}{2} = M_{右端}$
(d)

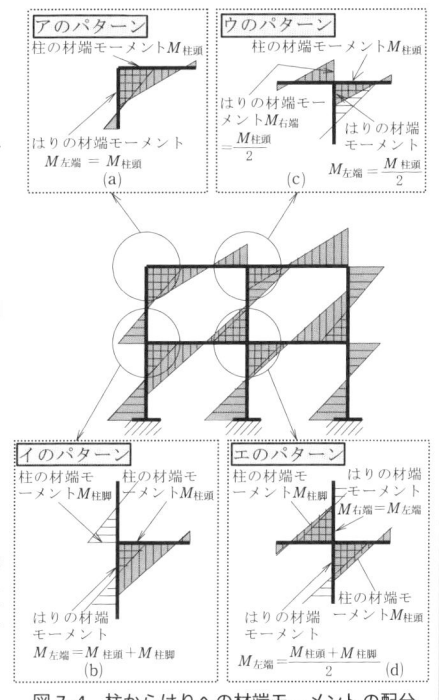

図7・4　柱からはりへの材端モーメントの配分

---

d. ④はりの曲げモーメント⇨⑤はりのせん断力への計算

　はりの曲げモーメントが決まれば，次は，はりのせん断力である．
　はりのせん断力は，a.で暗記した公式を変形して計算する（図7・2参照）．

☞ **必ず覚える！公式27**

$$\text{はりの}Q = \frac{M_{左端} + M_{右端}}{l_{スパン}} \tag{7・5}$$

第7章　不静定ラーメンの応力②

e. ⑤はりのせん断力⇨⑥柱の軸方向力への計算

はりのせん断力が求まれば，柱の軸方向力に進む．
外柱の軸方向力は，上階からはりのせん断力を順次加えていく．
内柱の軸方向力は，左右のはりのせん断力の差を順次加えていく．
左右のはりのせん断力が等しい内柱の軸方向力は，0 となる．

> **必ず覚える！公式 28**
>
> **外柱の軸方向力 N**
>   2階の $N_2 = 2$ 階のはりのせん断力 Q_2 (7・6)
>   1階の $N_1 = N_2 + 1$ 階のはりのせん断力 Q_1 (7・7)
>
> **内柱の軸方向力 N**
>   2階の $N_2 = |$ (左側のはりのせん断力 $_左Q_2 -$ 右側のはりのせん断力 $_右Q_2$) $|$ (7・8)
>   1階の $N_1 = N_2 + |$ (左側のはりのせん断力 $_左Q_1 -$ 右側のはりのせん断力 $_右Q_1$) $|$ (7・9)

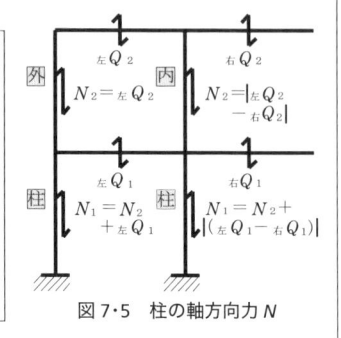

図 7・5　柱の軸方向力 N

ここで，長方形ラーメンの曲げモーメントとせん断力の生じ方をまとめてみよう．
① 第1層の反曲点の位置は，**柱の中央より上**にあり，はりの剛比が大きくなると，柱の中央に近づく．
② 柱脚のモーメントは，$_AM_1 = {_AQ_1} \times y_{01}$ から求める．
③ A柱を独立柱とみなしたとき，図 7・6(a)と同じ荷重が作用した場合の曲げモーメント図は，図(b)となり，せん断図は図(c)となる．

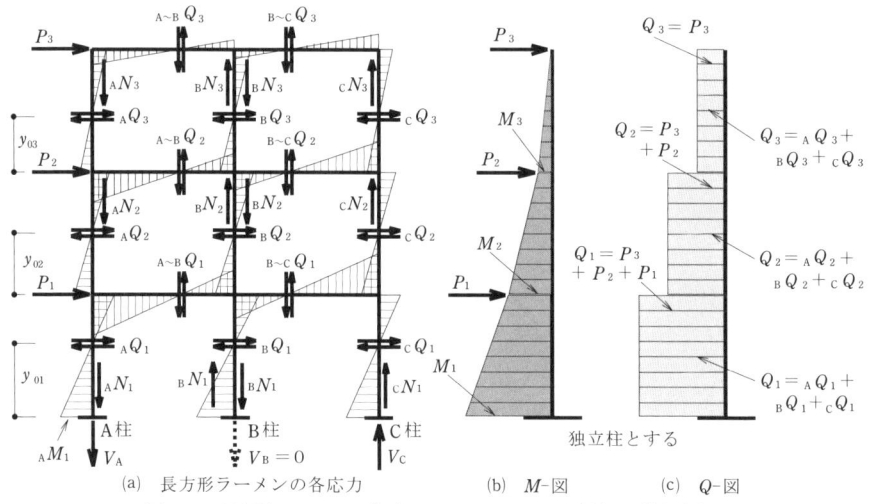

(a) 長方形ラーメンの各応力　(b) M-図　(c) Q-図

図 7・6　長方形ラーメンの曲げモーメント M とせん断力 Q・軸方向力 N

では，出題例で長方形ラーメンの解き方を学んでみよう．

出題例 33 図はある二層の構造物の各階に水平荷重が作用したときのラーメンの応力のうち，柱の曲げモーメントを示したものである．このとき，図中のⒶ～Ⓓそれぞれの値として，誤っているものは，次のうちどれか．

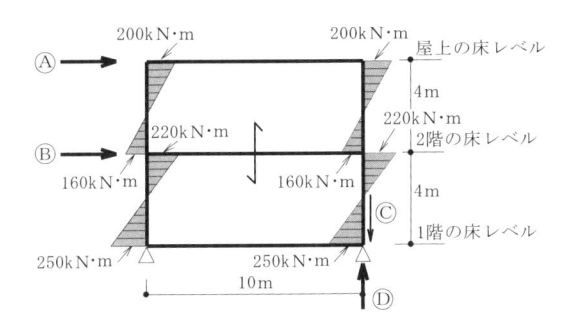

1. 屋上レベルに作用する水平荷重Ⓐは，180kN
2. 2階の床レベルに作用する水平荷重Ⓑは，235kN
3. 柱の軸方向力Ⓒは，116kN
4. 支点の反力Ⓓは，166kN

[解答例]

「必ず覚える！公式25～28」を活用して計算する．

屋上レベルに作用する水平荷重Ⓐは，2階の2本の柱のせん断力の和とする．

$$Ⓐ = \frac{200+160}{4} + \frac{200+160}{4} = \frac{360}{4} \times 2 = 90 \times 2 = 180 \text{kN}$$

2階の床レベルに作用する水平荷重Ⓑは，1階の2本の柱のせん断力の和からⒶを引く．

$$Ⓑ = \frac{220+250}{4} \times 2 - 180 = \frac{470}{4} \times 2 - 180 = 235 - 180 = 55 \text{kN}$$

1階の柱の軸方向力Ⓒは，2階柱の軸方向力（屋階ばりのせん断力）と2階ばりのせん断力の和とする．

$$Ⓒ = \frac{200+200}{10} + \frac{(160+200)+(160+200)}{10} = 40 + 76 = 116 \text{kN}$$

支点の反力Ⓓは，地中ばりのせん断力とⒸの和とする．

$$Ⓓ = \frac{250+250}{10} + 116 = 50 + 116 = 166\text{kN}$$

よって，2．が正解．

出題例34 図はある二層の構造物の各階に水平荷重が作用したときのラーメンの応力のうち，柱の曲げモーメントを示したものである．このとき，図中のⒶ～Ⓓそれぞれの値として，誤っているものは，次のうちどれか．

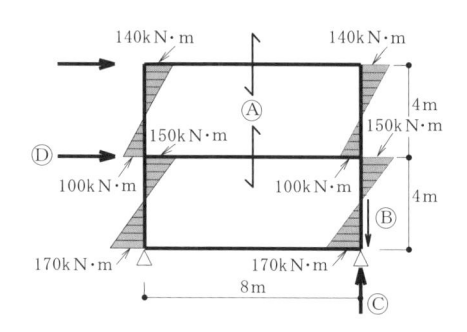

1. はりのせん断力Ⓐは，62.5kN
2. 柱の軸方向力Ⓑは，97.5kN
3. 支点の反力Ⓒは，97.5kN
4. 2階の床レベルに作用する水平荷重Ⓓは，40kN

[解答例]

「必ず覚える！公式25～28」を活用して計算する．

2階ばりのせん断力Ⓐは，はり両端の曲げモーメントの和をスパンで除して求めるが，このとき，はり端の曲げモーメントは，2階柱の柱脚と1階柱の柱頭の曲げモーメントの和とする．

$$Ⓐ = \frac{(100+150)+(100+150)}{8} = \frac{500}{8} = 62.5\text{kN}$$

1階の柱の軸方向力Ⓑは，2階柱の軸方向力（＝屋階ばりのせん断力）と2階ばりのせん断力Ⓐの和とする．

$$Ⓑ = (140 + 140)/8 + 62.5 = 97.5\text{kN}$$

支点の反力Ⓒは，1階柱の軸方向力Ⓑと地中ばりのせん断力の和とする．

$$Ⓒ = 97.5 + \frac{170+170}{8} = 97.5 + \frac{340}{8} = 97.5 + 42.5 = 140\text{kN}$$

2階の水平荷重Ⓓは，1階の2本の柱のせん断力の和から2階の2本の柱のせん断力の和を引く．

$$Ⓓ = \frac{150+170}{4} \times 2 - \frac{140+100}{4} \times 2 = \frac{320}{4} \times 2 - \frac{240}{4} \times 2 = 160 - 120 = 40\text{kN}$$

よって，3．が正解．

❷ 単ラーメンにおける柱の反曲点と曲げモーメント図の関係

● 2・1 鉛直荷重が作用する単ラーメン

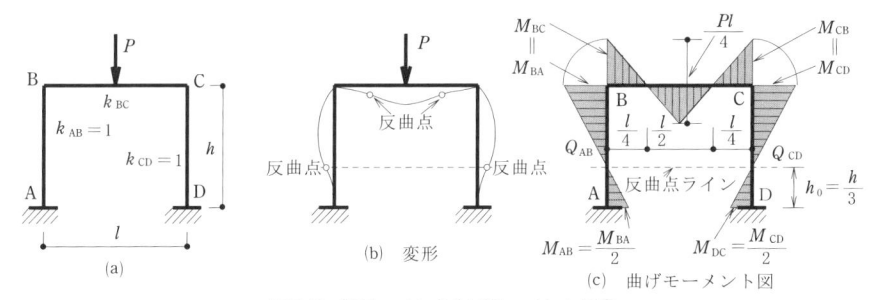

図7・7 単ラーメンの曲げモーメント図①

図7・7からわかること

① 柱ABと柱CDのせん断力の絶対値は等しい．
 $|Q_{AB}| = |Q_{CD}|$ となる．
② 柱の反曲点の位置h_0は，柱脚の位置から測って，階高hの1/3（$h/3$）の所にある．
 したがって，柱脚の材端モーメントは，柱頭の材端モーメントの1/2になる．
 $M_{AB} = M_{BA}/2$，$M_{DC} = M_{CD}/2$ となる．
③ 反曲点とは，部材の曲がり方の向きが逆になる点で，その点の曲げモーメントは0となる．
④ はりの反曲点の位置は，両端部から内側へスパンの約1/4の所にある．
⑤ はりの剛比k_{BC}が大きくなると，はりの材端モーメントは小さくなる．
 これは，相対的に柱の剛性が小さくなり，柱の材端モーメントが小さくなることによって，それと等しいはりの材端モーメントは小さくなる．はり中央のモーメントは大きくなる（図7・8(a)参照）．逆に，はりの剛比k_{BC}が小さくなると，はりの材端モーメントは大きくなる（図7・8(b)参照）．

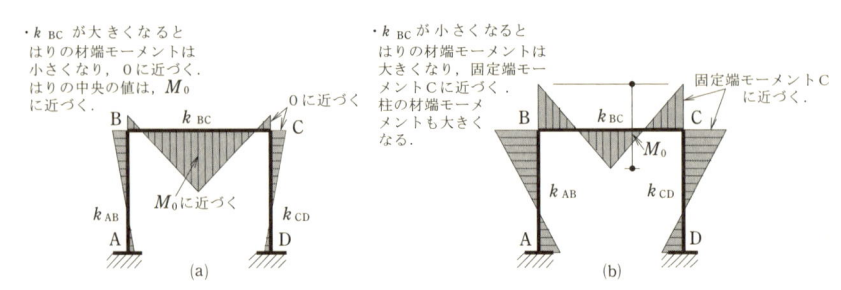

図7・8 はりの剛比と曲げモーメント図の関係

⑥ はり材端のモーメントと柱頭のモーメントは，絶対値で等しい．
単ラーメンの曲げモーメント図を考えると，はり材端のモーメントが（−）ならば，柱頭のモーメントは（＋）になる．はりと柱が接合された節点では，常に，その節点における材端モーメントの合計は0となる．すなわち，$M_{BC} + M_{BA} = 0$ となる．

⑦ はりの剛比 k_{BC} が大きくなると，柱のせん断力は小さくなる．

⑧ 図7・7(c)に示したはり材端モーメントと中央のモーメントの和は，常に一定である．その大きさは，「必ず覚える！公式29」の大きさとする（図7・9参照）．

> **☞ 必ず覚える！公式29**
>
> 集中荷重の場合：$M_{max} = M_0 = \dfrac{Pl}{4}$ (7・10)
>
> 等分布荷重の場合：$M_{max} = M_0 = \dfrac{wl^2}{8}$ (7・11)

・集中荷重の場合

M_0：単純ばりとした場合のはり中央の曲げモーメント

$$M_0 = \frac{Pl}{4}$$

C：固定端モーメント 両端固定ばりとしたときの材端モーメント

$$C = \frac{Pl}{8}$$

・等分布荷重の場合

M_0：両端固定ばりとした場合のはり中央の曲げモーメント

$$M_0 = \frac{wl^2}{8}$$

C：固定端モーメント 両端固定ばりとしたときの材端モーメント

$$C = \frac{wl^2}{12}$$

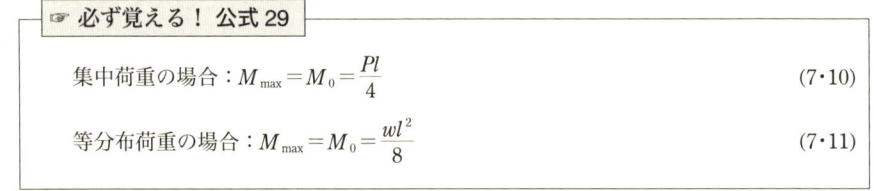

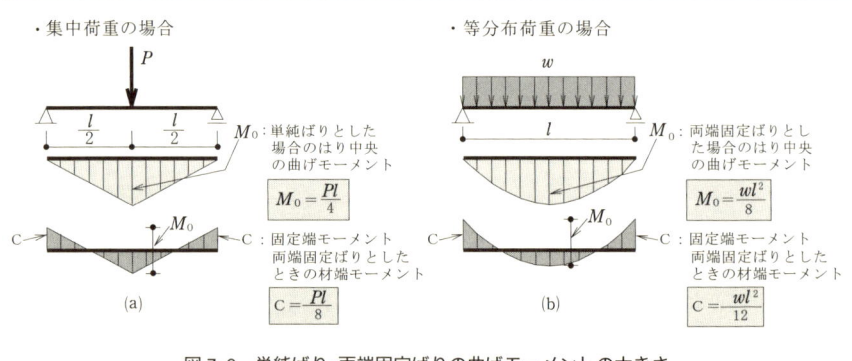

図7・9 単純ばり・両端固定ばりの曲げモーメントの大きさ

● 2·2 水平荷重が作用する単ラーメン

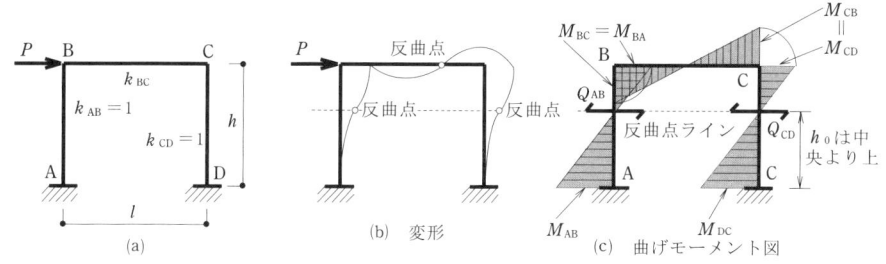

図 7·10 単ラーメンの曲げモーメント図②

図 7·10 からわかること

① $P = Q_{AB} + Q_{CD}$　$Q_{AB} = Q_{CD}$
水平荷重 P は，柱 AB と柱 CD のせん断力の和である．
柱 AB のせん断力 Q_{AB} と柱 CD のせん断力 Q_{CD} は等しい．それは，柱 AB と柱 CD の剛比が等しいからである（$k_{AB} = k_{CD}$）．剛比が異なるとせん断力の大きさも異なる．

② 柱の反曲点の位置 h_0 は，柱脚の位置から測って，階高 h の**中央より上**にある．
したがって，柱脚の材端モーメントは，柱頭のモーメントより大きい．
$M_{AB} > M_{BA}$, $M_{DC} > M_{CD}$ となる．

③ はり材端のモーメントと柱頭のモーメントは，絶対値で等しい．
$|M_{BC}| = |M_{BA}|$，$|M_{CB}| = |M_{CD}|$ となる．

④ はりの剛比が $k_{BC} = 0$ になると，$h_0 = h$（柱頭は自由端）となる（図 7·11 (a) 参照）．
また，$k_{BC} = \infty$ になると，$h_0 = h/2$ となる（図 7·11 (c) 参照）．

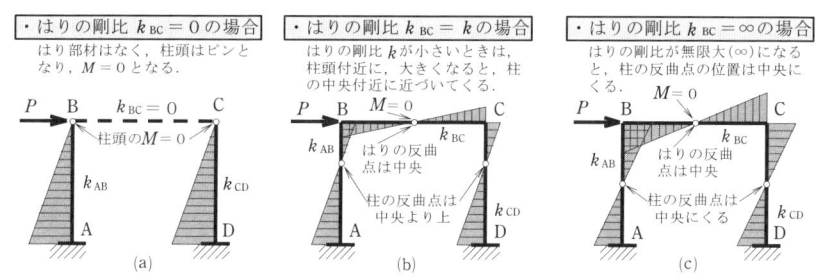

図 7·11 はりの剛比による反曲点の位置

⑤ はりの反曲点の位置は，**はりの中央**にある．したがって，はり中央のモーメントは，常に，0 である（図 7·11 (b), (c) 参照）．

⑥ はりの剛比 k_{BC} が大きくなると，はりが強くなり，はりの材端モーメントも大きくなる（図 7·11 (c) 参照）．

⑦ はりの剛比 k_{BC} が大きくなると，はりの材端モーメントから計算するせん断力が大きくなり，結果として柱の軸方向力も大きくなる．

❸ 柱のせん断力と材端モーメントの関係

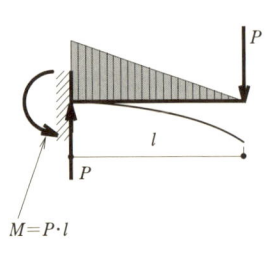

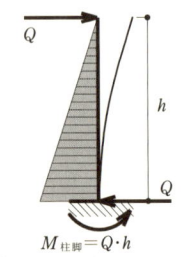

(a) 片持ばりの場合
(b) 柱脚の材端モーメント
(c) 反曲点と材端モーメント

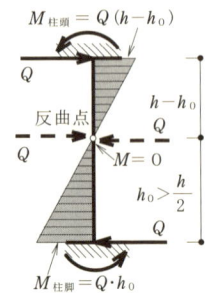

図7・12 柱のせん断力 Q と材端モーメント M の関係

① 図7・12(c)に示す柱は，柱脚が固定されたラーメンの第一層と考える．柱頭は，はりによって回転が拘束された状態である．
② このとき，柱の途中に反曲点が発生する．その位置は，固定度の小さい柱頭側に寄るから，中央より上になる．h_0 を**反曲点高さ**という．
③ したがって，柱脚の材端モーメントのほうが，柱頭のモーメントより大きくなる．
④ はりの固定度が完全固定と見なされるときの反曲点は，柱の中央になる．
⑤ 図7・13に数値を入れた例を示した．このとき，反曲点の位置にかかわらず，
$M_{柱頭} + M_{柱脚}\ (= -60 - 40 = -100\,\mathrm{kN \cdot m}) = -Q \cdot h = -20 \times 5 = -100\,\mathrm{kN \cdot m}$ となり，常に，一定となる．

👉 必ず覚える！公式30

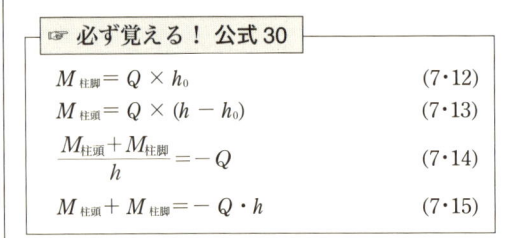

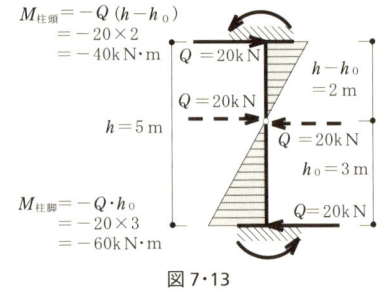

$M_{柱脚} = Q \times h_0$ （7・12）

$M_{柱頭} = Q \times (h - h_0)$ （7・13）

$\dfrac{M_{柱頭} + M_{柱脚}}{h} = -Q$ （7・14）

$M_{柱頭} + M_{柱脚} = -Q \cdot h$ （7・15）

図7・13

では，実際の出題例を解いてみよう．

出題例35 図のように，二層のラーメンに水平荷重が作用した場合，はりに生ずるせん断力 Q_1，Q_2 の値の組合せとして，正しいものは，次のうちどれか．ただし，柱の断面は左右同一で，柱脚は固定とする．また，柱の反曲点の高さは，1階は3m，2階は2mとする．

	Q_1	Q_2
1.	5kN	3kN
2.	7kN	4kN
3.	8kN	3kN
4.	8kN	4kN

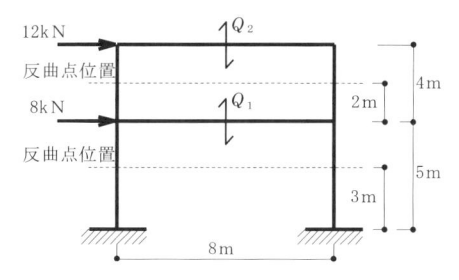

[解答例]

「必ず覚える！公式30」を活用して計算する．

$P_2 = {}_柱Q_2 + {}_柱Q_2$

$\therefore {}_柱Q_2 = \dfrac{P_2}{2} = \dfrac{12}{2} = 6\text{kN}$

$M_{柱頭} = {}_柱Q_2 \times 2 = 6 \times 2 = 12\text{kN·m}$

$M_{柱脚} = {}_柱Q_2 \times 2 = 6 \times 2 = 12\text{kN·m}$

${}_{はり}Q_2 = \dfrac{12+12}{8} = \dfrac{24}{8} = 3\text{kN}$

$P_1 + P_2 = {}_柱Q_1 + {}_柱Q_1$

$\therefore {}_柱Q_1 = \dfrac{P_1+P_2}{2} = \dfrac{8+12}{2} = \dfrac{20}{2} = 10\text{kN}$

$M_{柱頭} = {}_柱Q_1 \times 2 = 10 \times 2 = 20\text{kN·m}$

$M_{柱脚} = {}_柱Q_1 \times 3 = 10 \times 3 = 30\text{kN·m}$

${}_{はり}Q_1 = \dfrac{(12+20)+(12+20)}{8} = \dfrac{64}{8} = 8\text{kN}$

図7・14

よって，3.が正解．

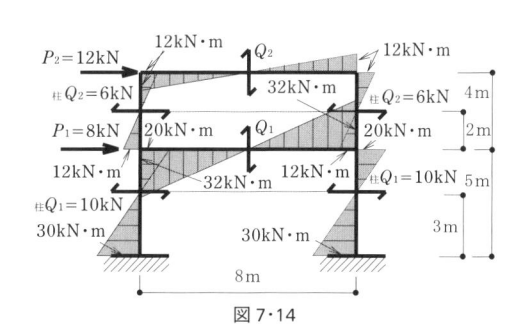

❹ 長方形ラーメンにおける水平荷重の柱への配分

> **☞ 必ず覚える！公式31**
>
> $_AQ_2 + {}_BQ_2 + {}_CQ_2 = P_2$ (7・16)
> $_AQ_1 + {}_BQ_1 + {}_CQ_1 = P_2 + P_1$ (7・17)
>
> ・鉛直荷重時の場合（$P_1 = 0$, $P_2 = 0$）
> $_AQ_2 + {}_BQ_2 + {}_CQ_2 = 0$ (7・18)
> $_AQ_1 + {}_BQ_1 + {}_CQ_1 = 0$ (7・19)

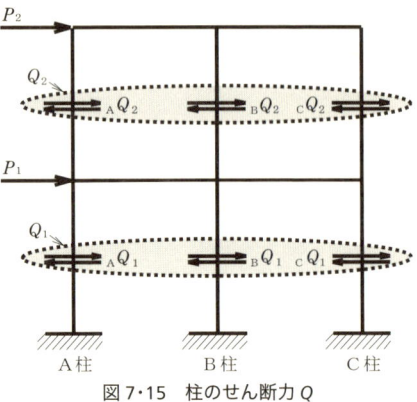

図7・15 柱のせん断力 Q

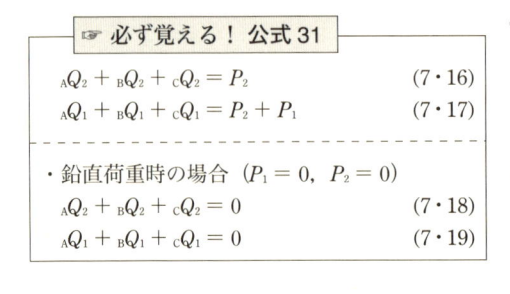

2スパン以上のラーメンに水平荷重が作用すると，外柱と内柱の区別が必要となり，外柱と内柱とでは水平荷重の配分が異なる．すなわち，一般的には，外柱には少なく，内柱には多く配分される．しかし，柱自身の剛比やその柱の上下に接続されるはりの剛比によっても配分が異なり，複雑な計算が要求される．

建築士の試験では，複雑な計算を考えるのではなく，一般的な性質を理解することが大切である．

図7・15のように，2層2スパンラーメンに水平荷重 P_1，P_2 が作用したとき，その力が各柱に配分され，柱のせん断力となる．その大きさはB柱が最も多く，A柱とC柱は同じ大きさになる．また，建築士の問題のように，柱のせん断力から水平荷重を逆算するときは，各柱のせん断力の和がその層の水平荷重または水平荷重の和になる（「**必ず覚える！公式30**」を参照）．

では，まず問題例でその考え方を理解しよう．

問題例1 図のような単層2スパンラーメンに水平荷重 P が作用したときの，各柱が負担するせん断力（負担水平力）の大小関係として，正しいものは，次のうちどれか．

1. $Q_A > Q_B > Q_C$
2. $Q_B > Q_A > Q_C$
3. $Q_B > Q_C > Q_A$
4. $Q_C > Q_B > Q_A$

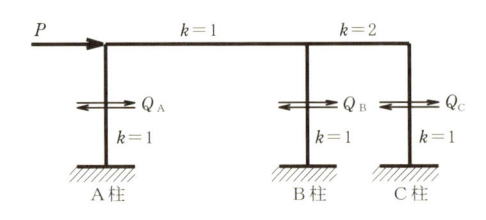

解答例

水平荷重による柱の変位は，柱頭をはりで連結されているので，層ごとに同じである．

柱の変位に対する強さを比較すると，剛比が各柱ともに $k = 1$ で等しい．したがって，柱では差がつかない．柱の剛比が異なるときは，剛比の大きい柱に多くの力が配分されることになる．各柱に配分される力，すなわちせん断力は，柱の剛比に比例することがわかる．

次に，柱頭・柱脚をつなぐはりの剛比を比較する．通常は，柱の上下にはりが接合されているので，その剛比の大きさによって負担する力の割合が異なる．

この問題例では，単層であるから，柱頭をつなぐはりの剛比の大きさを比較することで，負担せん断力の大きさの順が決まる．

A柱は，剛比 1 のはりが接合されている．

B柱は，剛比 $3(1 + 2)$ のはりが接合されている．

C柱は，剛比 2 のはりが接合されている．

以上より，負担せん断力は，B柱が最も多く，A柱が最も少ないことがわかる．

∴ $Q_B > Q_C > Q_A$ の順になる．

よって，3.が正解．

それでは，次に，実際の出題例で考え方を学んでみよう．

出題例36 図のような水平荷重を受けるラーメンに関する次の記述のうち，最も不適当なものはどれか．ただし，柱，はりの剛比は 1 とし，B柱のみ 2 とする．

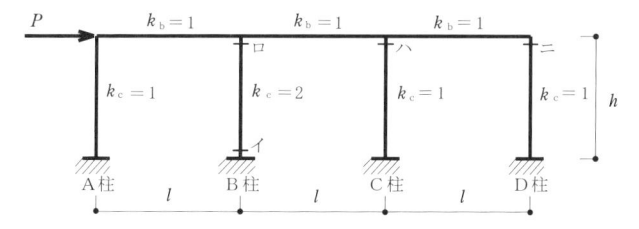

1. イ，ロ，ハ，ニの各点のうち最も曲げモーメントの小さいのはニ点である．
2. A柱のせん断力は，C柱のせん断力より小さい．
3. 最も曲げモーメントの大きいのはB柱の脚部イ点である．
4. C柱の反曲点高さは，$0.5h$ 以下である．

[解答例]

単層のラーメンなので，柱の負担せん断力は，内柱で大きく，外柱では小さい．

柱の負担せん断力は，剛比の大きいB柱が最も大きく，次いでC柱で，A柱とD柱は最も小さく同値である．よって，柱頭の曲げモーメントは，ロ＞ハ＞ニの順になる．

単層のラーメンの場合は，柱の反曲点は中央より上にあるので，柱頭と柱脚の曲げモーメントでは，柱脚のほうが大きい．よって，ロよりイのほうが曲げモーメントが大きい．

以上より，各柱の負担せん断力の大小関係は，B柱＞C柱＞A柱＝D柱であり，曲げモーメントの大小関係は，イ＞ロ＞ハ＞ニとなる．

よって，4．が誤り．

[出題例37] 図のような水平荷重を受けるラーメンの各部の曲げ応力の大きさの順を示すもののうち，正しいものは，次のうちどれか．ただし，柱脚固定，反曲点高比0.5とし，剛比 k は図に示す通りとする．

1. イ＞ロ＞ニ
2. ロ＞ハ＞ホ
3. ロ＞イ＞ホ
4. ホ＞イ＞ハ

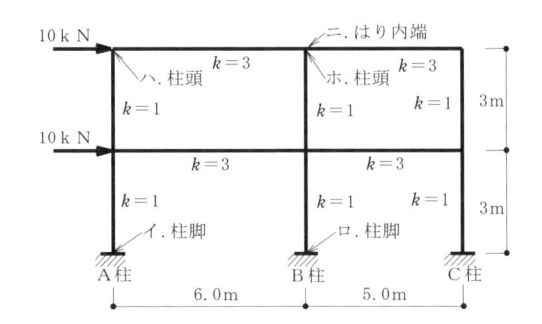

[解答例]

2層ラーメンであるが，柱の負担せん断力は，内柱で大きく，外柱では小さい．また，2層より1層のほうが負担せん断力は大きくなる．

したがって，柱の負担せん断力は，中柱であるB柱の1層が最も大きくなり，反曲点高さが1.5mで中央にあるから，柱脚と柱頭の曲げモーメントは同値である．

よって，B柱の柱脚ロが最も大きい．

次いでA柱の柱脚イが大きくなる．

2層では，B柱の柱頭ホが大きく，次いでA柱の柱頭ハが大きい．ニのはり内端はホの柱頭の値を左右のはりに分配するから，最も小さな値となる．

よって，曲げモーメントの大小関係は，ロ＞イ＞ホ＞ハ＞ニの順になる．

よって，3．が正解．

第8章　層間変位・水平剛性と柱の負担せん断力

　本章で取り上げる層間変位・水平剛性と柱の負担せん断力の出題頻度は，10年間で4～5問とかなり高い頻度であり，2年に1問は出題されていることになる．

　柱の負担せん断力は，第6章で学んだ"不静定ラーメンの応力"のせん断力に関係した問題である．したがって，第6章と本章とを関連させて解いていくことが重要である．

　本章では，まず，過去問の中から，

- a．ラーメンの柱頭に生じる層間変位（水平変位）の大きさを求める問題
- b．ラーメンに水平力が作用したとき各柱が負担するせん断力の大きさを求める問題

の典型的な2つのパターンを解説した．これらの問題の要点は，**解法の手順**である．解く順序を間違えると解答が出ないことになるので，注意が必要である．

1 層間変位

　多層ラーメンに水平力が作用すると，骨組は変形し，1層と2層，2層と3層などそれぞれの層間に変位が生じる．

　このときの**層間変位 δ** は，次式から求める（図8・1参照）．

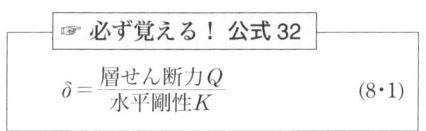

> ☞ 必ず覚える！公式32
>
> $$\delta = \frac{層せん断力 Q}{水平剛性 K} \quad (8 \cdot 1)$$

　すなわち，**層間変位は水平剛性に反比例する**．

　構造物に水平荷重が作用する場合の**層せん断力 Q** は，図8・2のように，その構造物を片持ばり(b)とみなして，そのときのせん断力(c)として求める．

$$\delta_3 = \frac{Q_3}{K_3} = \frac{P_3}{K_3}$$

$$\delta_2 = \frac{Q_2}{K_2} = \frac{P_3 + P_2}{K_2}$$

$$\delta_1 = \frac{Q_1}{K_1} = \frac{P_3 + P_2 + P_1}{K_1}$$

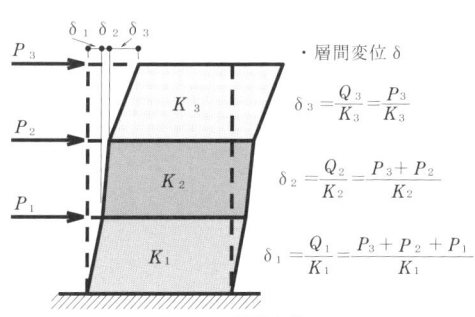

図8・1　層間変位 δ

　水平剛性 K は，単位水平変位 $\delta = 1$ を生じさせるに必要な水平力として定義され，その層の水平力に対する抵抗の度合いを表している．したがって，水平剛性が大きくなると抵抗の度合いが大きくなり，層間変位は小さくなる．

☞ 必ず覚える！公式33

層間変位は水平剛性に反比例する． (8・2)

なお，最上階の水平変位の大きさは，各階の層間変位を加え合わせた大きさになる．

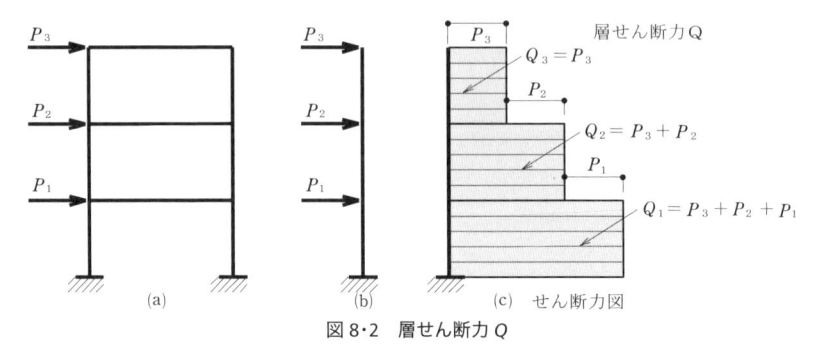

図8・2 層せん断力 Q

では，実際の出題例で解き方を学んでみよう．

出題例38 図のような水平力が作用する二層構造物（一層の水平剛性 $2K$，二層の水平剛性 K）において，一層の層間変位 δ_1 と二層の層間変位 δ_2 との比として正しいものは，右のうちどれか．ただし，はりは剛とし，柱の伸縮はないものとする．

	δ_1	:	δ_2
1.	1	:	2
2.	1	:	4
3.	3	:	2
4.	3	:	4

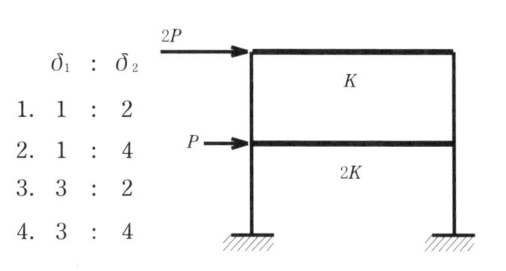

解答例

層間変位 δ_1 と δ_2 の比を求める問題である．

層間変位 δ は， $\delta = \dfrac{Q}{K}$ より求める．

一層の層間変位 $\delta_1 = \dfrac{Q_1}{K_1} = \dfrac{2P+P}{2K} = \dfrac{3P}{2K}$

二層の層間変位 $\delta_2 = \dfrac{Q_2}{K_2} = \dfrac{2P}{K} = \dfrac{4P}{2K}$

したがって，δ_1 と δ_2 の比は

$\delta_1 : \delta_2 = \dfrac{3P}{2K} : \dfrac{4P}{2K}$

$= 3P : 4P = 3 : 4$ となる．よって，4.が正解．

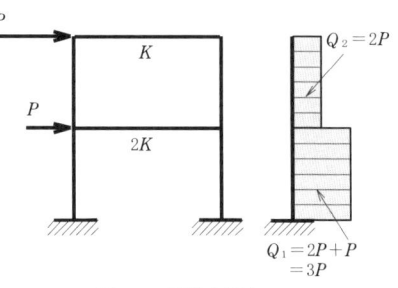

図8・3 層せん断力 Q

出題例39 図のような水平力が作用する三層構造物（一層，二層，三層の各層の剛性を $4K$，$2K$，$2K$ とする）A，B，C の頂部の変位をそれぞれ $δ_A$，$δ_B$，$δ_C$ とした場合，それらの大小関係として，正しいものは，次のうちどれか．ただし，はりは剛体とし，柱の伸縮はないものとする．

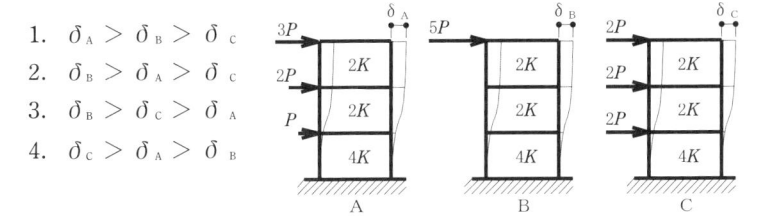

1. $δ_A > δ_B > δ_C$
2. $δ_B > δ_A > δ_C$
3. $δ_B > δ_C > δ_A$
4. $δ_C > δ_A > δ_B$

[解答例]

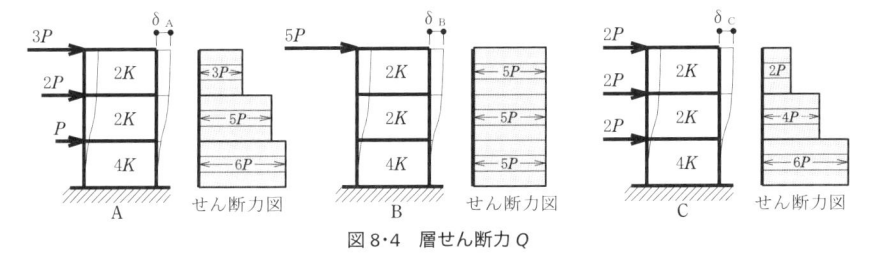

図8・4　層せん断力 Q

各層の層間変位を $δ = \dfrac{層せん断力 Q}{水平剛性 K}$ を活用して求める．

求めた各層の層間変位の総和が頂部の変位である．

A 柱の各層の層間変位を求める．このときの層せん断力 Q は，図8・4を参照する．

$$δ_{A1} = \frac{Q_1}{K_1} = \frac{3P+2P+P}{4K} = \frac{6P}{4K}$$

$$δ_{A2} = \frac{Q_2}{K_2} = \frac{3P+2P}{2K} = \frac{5P}{2K}, \quad δ_{A3} = \frac{Q_3}{K_3} = \frac{3P}{2K}$$

よって，頂部の変位は，$δ_A = δ_{A1} + δ_{A2} + δ_{A3} = \dfrac{6P}{4K} + \dfrac{5P}{2K} + \dfrac{3P}{2K} = \dfrac{22P}{4K}$

同様に，B 柱，C 柱の頂部の変位を求める．

$$δ_B = δ_{B1} + δ_{B2} + δ_{B3} = \frac{5P}{4K} + \frac{5P}{2K} + \frac{5P}{2K} = \frac{25P}{4K}$$

$$δ_C = δ_{C1} + δ_{C2} + δ_{C3} = \frac{6P}{4K} + \frac{4P}{2K} + \frac{2P}{2K} = \frac{18P}{4K}$$

したがって，$δ_B > δ_A > δ_C$ となる．

よって，2.が正解．

出題例 40 図のような水平力が作用する3階建の建築物 A, B, C において, それぞれの「3階の床レベル」の「1階の床レベル」に対する水平変位を δ_A, δ_B, δ_C とした場合, それらの大小関係として, 正しいものは, 次のうちどれか. ただし, 各建築物に作用する水平力および各階の水平剛性は, 図中に示すとおりであり, また, はりは剛体とし, 柱の伸縮はないものとする.

1. $\delta_A > \delta_B > \delta_C$
2. $\delta_B > \delta_A > \delta_C$
3. $\delta_B > \delta_C > \delta_A$
4. $\delta_C > \delta_A > \delta_B$

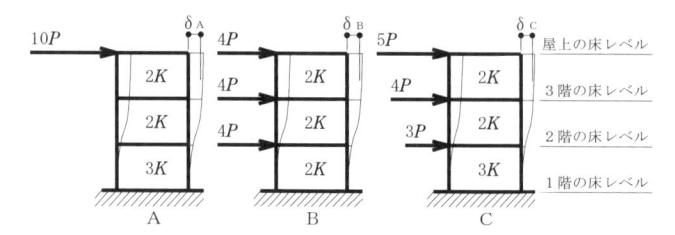

[解答例]

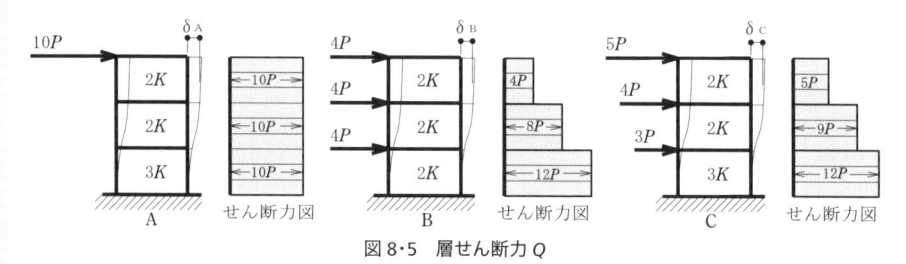

図 8・5　層せん断力 Q

3階の床レベルの水平変位 δ を求める問題である.

$$層間変位\ \delta = \frac{層せん断力\ Q}{水平剛性\ K}\ より求める.$$

このとき, 層せん断力 Q は, 図 8・5 を参照して求める. 3階の床レベルの水平変位は, 2階の床レベルの層間変位と3階の床レベルの層間変位を加えた値である.

$$\delta_A = \frac{Q_1}{K_1} + \frac{Q_2}{K_2} = \frac{10P}{3K} + \frac{10P}{2K} = \frac{50P}{6K}$$

$$\delta_B = \frac{Q_1}{K_1} + \frac{Q_2}{K_2} = \frac{12P}{2K} + \frac{8P}{2K} = \frac{20P}{2K} = \frac{60P}{6K}$$

$$\delta_C = \frac{Q_1}{K_1} + \frac{Q_2}{K_2} = \frac{12P}{3K} + \frac{9P}{2K} = \frac{51P}{6K}$$

したがって, $\delta_B > \delta_C > \delta_A$ となる. よって, 3. が正解.

❷ 水平剛性

> ☞ **必ず覚える！公式34**
> 水平剛性 K は，曲げ剛性 EI に比例し，
> 柱の長さ h の3乗に反比例する． (8・3)

表8・1 水平剛性 K

一端固定・他端ピン	両端固定
変位 $\delta = \dfrac{Q \cdot h^3}{3EI}$	変位 $\delta = \dfrac{Q \cdot h^3}{12EI}$
水平剛性 $K = \dfrac{3EI}{h^3}$	水平剛性 $K = \dfrac{12EI}{h^3}$

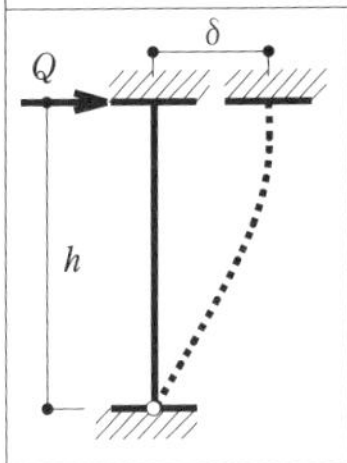

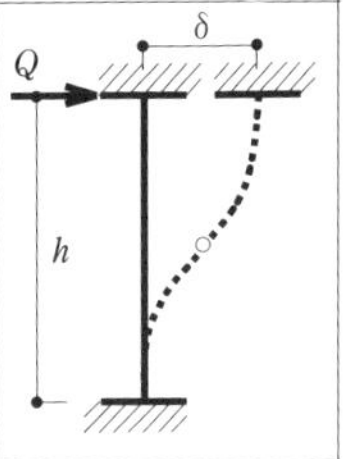

　水平剛性 K は，柱の曲げ剛性 EI，両端の支持条件，柱の長さ h によって変化し，その大きさが異なる．
　表8・1にその関係を示す．
　すなわち，表からわかるように，ヤング係数 E と断面二次モーメント I に比例し，部材の（柱の）長さ h の3乗に反比例する．
　また，同一条件の柱では，両端固定の柱の水平剛性は，一端固定・他端ピンの柱の水平剛性より **4倍強い**ことが分かる（表8・1参照）．

　では，実際の出題例を解いてみよう．

出題例41　図のような水平力が作用する3層構造物において，各層の水平変位が等しくなるときの各層の水平剛性 K_1，K_2，K_3 の比として正しいものは，次のうちどれか．ただし，はりは剛体とし，柱の伸縮はないものとする．

$K_1 : K_2 : K_3$
1. $3 : 2 : 1$
2. $4 : 3 : 2$
3. $6 : 5 : 3$
4. $6 : 5 : 4$

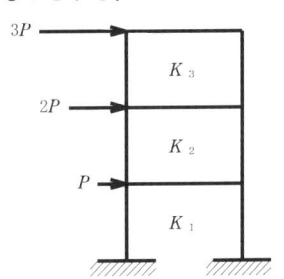

解答例

　水平剛性 K を求める問題である．
　層間変位 $\delta = \dfrac{層せん断力 Q}{水平剛性 K}$ を活用して求める．
　このとき，Q は層せん断力で，図8・6より求める．
　各層の層間変位 δ_1，δ_2，δ_3 は次のようになる．

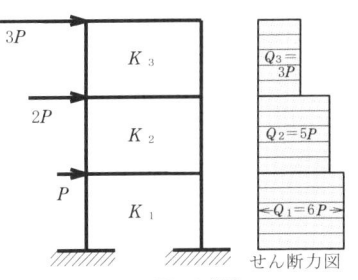

図8・6　層せん断力 Q

$$\delta_1 = \frac{Q_1}{K_1} = \frac{6P}{K_1}, \quad \delta_2 = \frac{Q_2}{K_2} = \frac{5P}{K_2}, \quad \delta_3 = \frac{Q_3}{K_3} = \frac{3P}{K_3}$$

各層の層間変位が等しい条件 $\delta_1 = \delta_2 = \delta_3$ より，

$$\frac{6P}{K_1} = \frac{5P}{K_2} = \frac{3P}{K_3}$$

したがって，$K_1 : K_2 : K_3 = 6 : 5 : 3$ となる．

よって，3. が正解．

❸ 柱の負担せん断力

　各層に作用する層せん断力は，基本的には，その層の各柱が負担するせん断力の総和となる．

　すなわち，各柱が負担するせん断力 Q の大きさは，各柱の水平剛性 K に比例して求めることができる．

> ☞ 必ず覚える！公式35
>
> 各柱の負担せん断力 Q は，水平剛性 K に比例する． (8・4)

これを式で示すと，$\delta = \dfrac{層せん断力 Q}{水平剛性 K}$ より，$Q = \delta \cdot K$ と変形できる．

　このとき，同一の層では δ は同じ値である．

　K は表8・1による．

　したがって，柱の負担せん断力 Q は，水平剛性 K に比例することになる．

　図8・7において，各柱の水平剛性は，A柱の水平剛性を $K = 1$ とすれば，B柱は剛性が2倍であるから $K = 2$ となり，C柱は剛性が2倍で他端がピンであるから $K = 2 \times 1/4 = 1/2$ となる．D柱は剛性が4倍であり，かつ，他端がピンであるから $K = 4 \times (1/4) = 1$ となる．E柱は他端がローラーであるから水平力は負担できない．よって，$K = 0$ となる．F柱は部材の長さが2倍であり，かつ，剛性が4倍であるから $K = (1/2^3) \times 4 = 1/2$ となる．

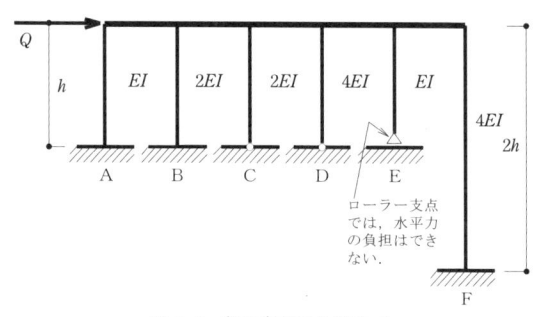

　したがって，各柱の負担せん断力を求めると，K の合計が5.0であるから，

図8・7 柱の負担せん断力 Q

ローラー支点では，水平力の負担はできない．

A柱 $= \dfrac{Q}{5}$, B柱 $= \dfrac{2Q}{5}$, C柱 $= \dfrac{Q}{10}$, D柱 $= \dfrac{Q}{5}$, E柱 $= 0$, F柱 $= \dfrac{Q}{10}$ となる.

では，実際の出題例を解いてみよう．

出題例 42 図のような荷重 P を受けるラーメンにおいて，柱A，Bに生じるせん断力をそれぞれ Q_A, Q_B としたとき，それらの比 ($Q_A : Q_B$) として正しいものは，次のうちどれか．ただし，柱A，Bは等質等断面であり，はりは剛体とし，柱A，Bおよびはりの応力は弾性範囲内にあるものとする．

$Q_A : Q_B$
1. $27 : 8$
2. $9 : 4$
3. $4 : 9$
4. $8 : 27$

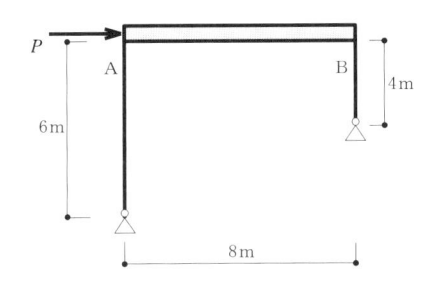

解答例

各柱の負担せん断力 Q は，各柱の水平剛性 K に比例する．

したがって，各柱の水平力の分担比は，水平剛性の比となる．

一端固定・他端ピンの場合の柱の水平剛性 $K = \dfrac{3EI}{h^3}$ を用いて計算する．

$Q_A : Q_B = K_A : K_B = \dfrac{3EI}{6^3} : \dfrac{3EI}{4^3} = \dfrac{3EI}{216} : \dfrac{3EI}{64} = \dfrac{1}{216} : \dfrac{1}{64} = \dfrac{1}{27} : \dfrac{1}{8} = 8 : 27$

よって，4.が正解．

出題例 43 図のような3本の柱A，B，Cと剛体のはりからなる骨組に水平力 H が作用したとき，それぞれの柱の水平力の分担比 Q_A, Q_B, Q_C として，正しいものは，右のうちどれか．ただし，3本の柱は等質等断面とする．

$Q_A : Q_B : Q_C$
1. $8 : 27 : 1$
2. $2 : 3 : 1$
3. $\dfrac{1}{2} : \dfrac{1}{3} : 1$
4. $\dfrac{1}{8} : \dfrac{1}{27} : 1$

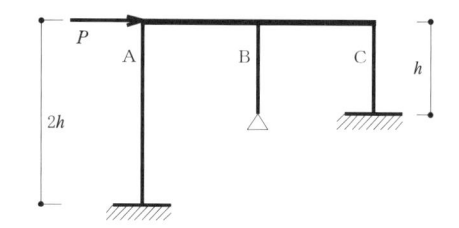

[解答例]

各柱の負担せん断力 Q は，各柱の水平剛性 K に比例する．

したがって，各柱の水平力の分担比は，水平剛性の比となる．

両端固定の場合の柱の水平剛性は，$K = \dfrac{12EI}{h^3}$ から計算する．

$$Q_A : Q_B : Q_C = K_A : K_B : K_C = \dfrac{12EI}{(2h)^3} : \dfrac{12EI}{(3h)^3} : \dfrac{12EI}{h^3} = \dfrac{1}{8} : \dfrac{1}{27} : 1$$

よって，4. が正解．

[出題例 44] 図のような水平力が作用する骨組において，柱 A，B，C の水平力の分担比 $Q_A : Q_B : Q_C$ として，正しいものは，次のうちどれか．ただし，3 本の柱はすべて等質等断面で，はりは剛体とし，柱およびはりの応力は弾性範囲内にあるものとする．

$Q_A : Q_B : Q_C$
1. $1 : 1 : 2$
2. $1 : 2 : 4$
3. $1 : 2 : 8$
4. $1 : 4 : 8$

[解答例]

各柱の負担せん断力 Q は，各柱の水平剛性 K に比例する．

したがって，各柱の水平力の分担比は，水平剛性の比となる．

両端固定の場合の柱の水平剛性 $K = \dfrac{12EI}{h^3}$

一端固定・他端ピンの場合の柱の水平剛性 $K = \dfrac{3EI}{h^3}$

を用いて計算する．

$$Q_A : Q_B : Q_C = K_A : K_B : K_C = \dfrac{12EI}{(2h)^3} : \dfrac{3EI}{h^3} : \dfrac{12EI}{h^3} = \dfrac{1}{8} : \dfrac{1}{4} : 1 = 1 : 2 : 8$$

よって，3. が正解．

出題例 45 図のようなラーメンに水平力 P が作用する場合,柱 A,B,C に生じるせん断力をそれぞれ Q_A,Q_B,Q_C としたとき,それらの大小関係として正しいものは,次のうちどれか.ただし,それぞれの柱は等質等断面の弾性部材とし,はりは剛体とする.

1. $Q_A > Q_B > Q_C$
2. $Q_A = Q_B > Q_C$
3. $Q_B > Q_A > Q_C$
4. $Q_C > Q_A = Q_B$

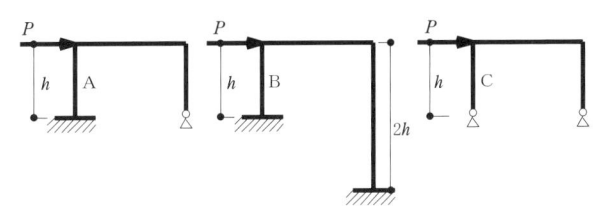

[解答例]

各柱の負担せん断力 Q は,各柱の水平剛性 K に比例する.

したがって,各柱の水平力の分担比は,水平剛性の比となる.

両端固定の場合の柱の水平剛性 $K = \dfrac{12EI}{h^3}$

一端固定・他端ピンの場合の柱の水平剛性 $K = \dfrac{3EI}{h^3}$

を用いて計算する.

A 柱の水平剛性 $K_A = \dfrac{12EI}{h^3}$

反対側の柱の水平剛性 $K_A' = \dfrac{3EI}{h^3}$

したがって,水平力の負担割合は,$K_A : K_A' = 4 : 1$

∴ A 柱の負担せん断力は,$Q_A = \dfrac{4}{5}P$

B 柱の水平剛性 $K_B = \dfrac{12EI}{h^3}$

反対側の柱の水平剛性 $K_B' = \dfrac{12EI}{(2h)^3} = \dfrac{1.5EI}{h^3}$

したがって,水平力の負担割合は,$K_B : K_B' = 8 : 1$

∴ B 柱の負担せん断力は,$Q_B = \dfrac{8}{9}P$

C 柱の水平剛性 $K_C = \dfrac{3EI}{h^3}$

反対側の柱の水平剛性 $K_C' = \dfrac{3EI}{h^3}$

したがって，水平力の負担割合は，$K_C : K_C' = 1 : 1$

∴ C 柱の負担せん断力は，$Q_C = \dfrac{1}{2} P$

以上より，$Q_B > Q_A > Q_C$ となる．

よって，3. が正解．

| 第 9 章 | **断面の係数と応力度** |

　本章で取り上げる断面の係数と応力度の出題頻度は，10 年間で 7 〜 8 問と相当高い頻度であり，ほぼ毎年 1 問はどちらかの分野で出題されていると言っても過言ではない．
　本章では，まず，過去問の中から，断面係数・塑性断面係数の問題や組合せ応力度の問題などの典型的な問題を解説した．

１ 断面の係数

　第 8 章までは，はり材や柱材など骨組の部材を考える場合，太さや重さのない材軸線のみを考えてきた．しかし，実際の部材には幅や高さがあり，いろいろな断面形のものが用いられている．この断面形によって部材の設計は大きく左右される．
　たとえば，図 9・1(a)の引張材や，(b)の短い圧縮材は，その強さが断面形に関係なく断面積によって決まるが，(c)の曲げ材では同一断面材でも①の縦長に用いる場合の方が②の横長に用いる場合に比べて強くなる．また，(d)の細長い圧縮材では細長さの度合いによって座屈強さが変化する．
　このように，断面形は部材の強さや変形に大きな影響を及ぼす重要な要素となる．

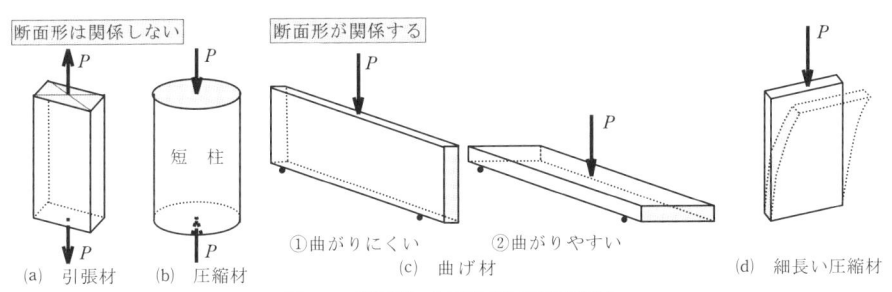

図 9・1　断面形による強さや変形の相違

　したがって，本章で学ぶ断面の諸性質とは，**断面形によって変化する種々の性質を示す基本的な数値**のことであり，単に断面形のみによって算出される係数である．この係数自体の意味より，**その係数が何に関係があり，どう活用するかを理解**することが大切である．たとえば，断面二次モーメントはたわみや座屈を求める公式に用いられるし，断面係数は曲げ材の算定に用いられる．
　よって，断面の諸係数は，**公式を暗記**し，その公式が**何のために用いられるかを覚える**．これらの諸係数を表 9・1 のような一覧表にまとめた．

表9·1 断面の諸係数

断面の諸係数	公式	単位	何に用いるのか
断面積	$A = \int dA = BD$	mm²	垂直応力度・せん断応力度
断面一次モーメント	$S_x = \int y \cdot dA = A \cdot y_0$	mm³	図心（重心）の位置を求めるために用いる．
	$S_Y = \int x \cdot dA = A \cdot x_0$	mm³	軸が図心を通るときは，$S_x = S_Y = 0$ となる．
図心の位置	$y_0 = \dfrac{S_x}{A} = \dfrac{S_{X1}+S_{X2}+\cdots+S_{Xn}}{A_1+A_2+\cdots+A_n}$	mm	図心を求めるときの S は，図形を図心の位置が分かる長方形や三角形に区分してそれぞれの図形の断面一次モーメントの総和として求めることができる．また，全体から部分を差し引いた差としても求められる．
	$x_0 = \dfrac{S_Y}{A} = \dfrac{S_{Y1}+S_{Y2}+\cdots+S_{Yn}}{A_1+A_2+\cdots+A_n}$	mm	
断面二次モーメント	$I_{x0} = \int y^2 \cdot dA$	mm⁴	座屈やたわみの計算に用いる．
	$I_{Y0} = \int x^2 \cdot dA$	mm⁴	断面二次モーメントは和と差の公式が活用できる．
	・長方形断面の場合 $I_{x0} = \dfrac{BD^3}{12}$	mm⁴	$I = \dfrac{幅\times(せい)^3}{12}$ で計算する．このとき，幅は軸に平行な寸法をいう．
	$I_{Y0} = \dfrac{DB^3}{12}$	mm⁴	
	・平行軸定理 $I_x = I_{x0} + A \cdot y_0^2$	mm⁴	
	$I_Y = I_{Y0} + A \cdot x_0^2$	mm⁴	
断面係数	$Z_{X1} = \dfrac{I_{x0}}{y_1}$　　$Z_{X2} = \dfrac{I_{x0}}{y_2}$	mm³	曲げ応力度を求めるときに用いる．
	$Z_{Y1} = \dfrac{I_{Y0}}{x_1}$　　$Z_{Y2} = \dfrac{I_{Y0}}{x_2}$	mm³	断面係数には，引張側と圧縮側の2つがある．断面係数は，和と差の公式が活用できない．
	・長方形断面の場合 $Z_X = \dfrac{BD^2}{6}$	mm³	$Z = \dfrac{幅\times(せい)^2}{6}$ で計算する．このとき，幅は軸に平行な寸法をいう．
	$Z_Y = \dfrac{DB^2}{6}$	mm³	
塑性断面係数	$Z_P = \dfrac{BD^2}{4}$	mm³	塑性断面係数は，和と差の公式が活用できる．
断面二次半径	$i_x = \sqrt{\dfrac{I_{x0}}{A}}$	mm	細長比を求めるときに用いる．
	$i_Y = \sqrt{\dfrac{I_{Y0}}{A}}$	mm	断面二次半径は，和と差の公式が活用できない．
断面極二次モーメント	$I_P = \int (x^2+y^2) dA = I_x + I_Y$	mm⁴	ねじり変形を求めるときに用いる．
断面相乗モーメント	$I_{XY} = \int x \cdot y\, dA = \sum a \cdot x \cdot y$	mm⁴	断面の主軸を求めるときに用いる． 主軸の I_{XY} は 0．

◉ 1・1　断面一次モーメントおよび図心

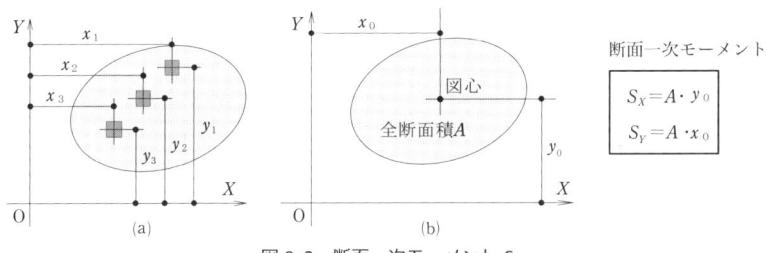

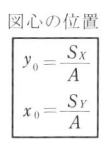

a. 断面一次モーメント

断面一次モーメント S は，**図心の位置**を求めるために用いる係数である．その計算は，図形の断面積に，軸から図形の図心までの距離を乗じて求める（図9・2参照）．

☞ 必ず覚える！公式36

断面一次モーメント I ＝全断面積 A ×軸から図心までの距離 $y_0(x_0)$

$$S_X = \int_A (y \cdot dA) = a_1 \cdot y_1 + a_2 \cdot y_2 + a_3 \cdot y_3 + \cdots\cdots = \Sigma\,(a \cdot y) = A \cdot y_0 \; (\mathrm{mm}^3) \tag{9・1}$$

$$S_Y = \int_A (x \cdot dA) = a_1 \cdot x_1 + a_2 \cdot x_2 + a_3 \cdot x_3 + \cdots\cdots = \Sigma\,(a \cdot x) = A \cdot x_0 \; (\mathrm{mm}^3) \tag{9・2}$$

断面一次モーメント

$S_X = A \cdot y_0$
$S_Y = A \cdot x_0$

図9・2　断面一次モーメント S

「必ず覚える！公式36」からも分かるように，断面図形の図心を通る軸についての断面一次モーメントは，0である．

図9・3のように，全体の断面図形が複数の図形の集合体であるときは，全体図形の任意の軸に対する断面一次モーメントは，個々の図形のその軸に対する断面一次モーメントの総和として計算することができる．また，断面図形に欠損がある場合には，欠損部分を含めた全体の図形から欠損部分の図形を差し引いて計算してもよい．

断面一次モーメントの符号は，座標軸と同様に，X 軸より上側および Y 軸より右側に図形がある部分を正（＋），下側および左側に図形がある部分を負（－）とする．

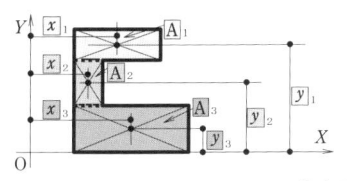

$S_X = S_{X1} + S_{X2} + S_{X3}$
$S_{X1} = S_1 \cdot y_1$
$S_{X2} = S_2 \cdot y_2$
$S_{X3} = S_3 \cdot y_3$
$S_Y = S_{Y1} + S_{Y2} + S_{Y3}$
$S_{Y1} = S_1 \cdot x_1$
$S_{Y2} = S_2 \cdot x_2$
$S_{Y3} = S_3 \cdot x_3$

図心の位置

$y_0 = \dfrac{S_X}{A}$

$x_0 = \dfrac{S_Y}{A}$

図9・3　複合図形の断面一次モーメント S

b. 図心の位置

断面図形の図心の位置は，断面一次モーメントを断面積で除して求める．

このとき，断面一次モーメント S は，図9・3のように，個々の図形に分けて求める．

> **必ず覚える！公式37**
>
> 図心の位置 $y_0(x_0) = \dfrac{\text{断面一次モーメント}S}{\text{断面積}A}$
>
> $y_0 = \dfrac{S_X}{A} = \dfrac{S_{X1} + S_{X2} + \cdots\cdots + S_{Xn}}{A_1 + A_2 + \cdots\cdots + A_n}$ (mm) \hfill (9・3)
>
> $x_0 = \dfrac{S_Y}{A} = \dfrac{S_{Y1} + S_{Y2} + \cdots\cdots + S_{Yn}}{A_1 + A_2 + \cdots\cdots + A_n}$ (mm) \hfill (9・4)

では，実際の出題例で解き方を学んでみよう．

出題例46 等質で，図－1のような断面をもつ部材に，図－2のように断面力として曲げモーメント M のみが作用している．この断面の降伏開始曲げモーメントを M_y，全塑性モーメントを M_P とするとき，$M \leq M_y$ の場合と，$M = M_P$ の場合の中立軸の位置の組合せとして，正しいものは，次のうちどれか．ただし，中立軸の位置は断面下縁から測るものとする．

	$M \leq M_y$ の場合	$M = M_P$ の場合
1.	200mm	200mm
2.	200mm	250mm
3.	250mm	300mm
4.	300mm	300mm

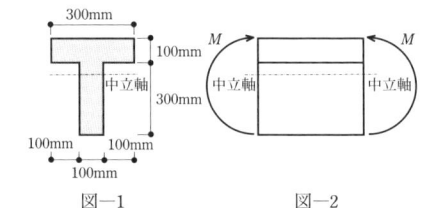

図－1　　図－2

[解答例]

断面一次モーメントは，**和や差の公式**を活用することができる．

全体図形が2つの長方形の集合体であるから，個々の図形の断面一次モーメントの総和として求める．

この問題では，300mm × 100mm と 100mm × 300mm の長方形の集合体として計算する（図9・4参照）．

$M \leq M_y$ の場合

$$y_0 = \dfrac{(300 \times 100) \times 350 + (100 \times 300) \times 150}{(300 \times 100) + (100 \times 300)}$$

$$= \dfrac{(300 \times 100)(350 + 150)}{(300 \times 100) \times 2}$$

$$= \dfrac{(350 + 150)}{2} = 250 \text{ mm}$$

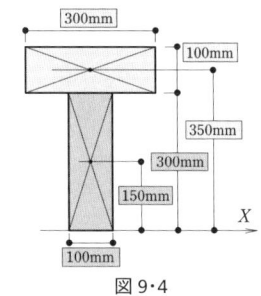

図9・4

$M = M_P$ の場合

曲げモーメント M が全塑性モーメント M_P に等しくなったときは，断面の引張部分の垂直応力度の合力 T と圧縮部分の垂直応力度の合力 C が同値になるので，中立軸は全断面積を二等分する位置にある（「**必ず覚える！公式 56**」参照）．

∴ $y_0 = 300$mm

よって，3. が正解．

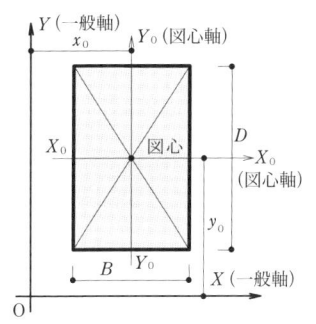

● 1・2　断面二次モーメント

断面二次モーメント I は，断面形による部材の**曲がりにくさ**を表す 1 つの目安である．

座屈やたわみなど部材が湾曲を伴う現象に用いる公式には I が含まれ，I が大きくなるほど，部材は曲がりにくくなる．

長方形断面の断面二次モーメントは，次の公式から求める．

❖ **ちょっと MEMO**

座屈荷重 $P = \dfrac{\pi^2 E I}{l_k^2}$

たわみ $\delta = C \cdot \dfrac{Pl^3}{EI}$

☞ **必ず覚える！公式 38**

・図心軸について（図 9・5 参照）

$$I_{X0} = \frac{BD^3}{12} \text{ (mm}^4\text{)} \quad (9\cdot5)$$

$$I_{Y0} = \frac{DB^3}{12} \text{ (mm}^4\text{)} \quad (9\cdot6)$$

・平行軸定理（一般軸について，図 9・5 参照）

$$I_X = I_{X0} + A \cdot y_0^2 = \frac{BD^3}{12} + (BD) \cdot y_0^2 \quad (9\cdot7)$$

$$I_Y = I_{Y0} + A \cdot x_0^2 = \frac{DB^3}{12} + (BD) \cdot x_0^2 \quad (9\cdot8)$$

図 9・5　断面二次モーメント I

平行軸定理を考えれば，図心を通る任意の軸に関する断面二次モーメントは，その軸に平行なすべての軸に関する断面二次モーメントのうち**最小**になる．

断面二次モーメントも，断面一次モーメントと同様に，**和と差の公式**を活用して，計算することができる．

和の計算をする場合は，公式 (9・5，9・6) や (9・7，9・8) を用いて加え合わせればよい．差の計算をする場合は，全体図形の断面二次モーメントから欠損図形の断面二次モーメントを差し引く．このとき，全体図形の図心と欠損部分の図形の図心が同一直線上にあることが条件になる（「**必ず覚える！公式 39**」および図 9・6 参照）．

必ず覚える！公式39

欠損部分がある図形の断面二次モーメントの場合（図9・6参照）

$$I_X = \frac{BD^3}{12} - \frac{bd^3}{12} \text{ (mm}^4\text{)} \tag{9・9}$$

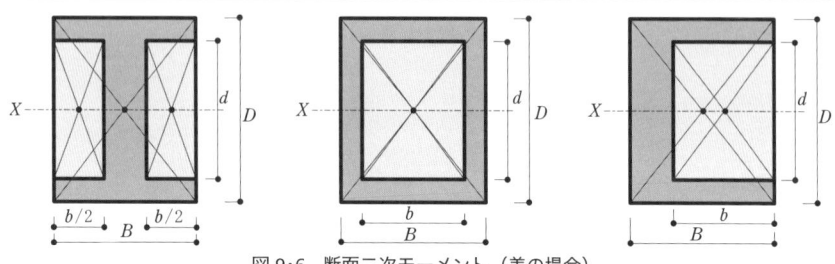

図9・6　断面二次モーメント（差の場合）

出題例47　図のような断面のX軸に関する断面二次モーメントIと断面係数Zとの組合せとして，最も適当なものは，次のうちどれか．ただし，図中における寸法の単位はmmとする．

	I 〔mm^4〕	Z 〔mm^3〕
1.	3.32×10^6	4.15×10^4
2.	3.32×10^6	6.80×10^4
3.	2.66×10^7	2.72×10^5
4.	2.66×10^7	3.32×10^5

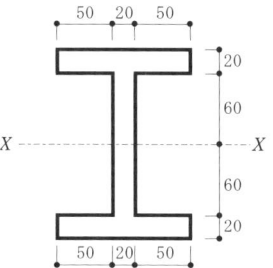

[解答例]

断面二次モーメントは，和や差の公式を活用することができる．

すなわち，全体の長方形から欠損部分の長方形を2つ差し引くことによって，求めようとする図形の断面二次モーメントを求めることができる（図9・7参照）．

全体の断面二次モーメント

$$I_{X'} = \frac{120 \times 160^3}{12} = 4096 \times 10^4 \text{ mm}^4$$

欠損部分の断面二次モーメント

$$I_{X''} = \frac{50 \times 120^3}{12} \times 2 = 1440 \times 10^4 \text{ mm}^4$$

求める図形の断面二次モーメント

$$I = I_{X'} - I_{X''}$$
$$= 4096 \times 10^4 - 1440 \times 10^4 = 2656 \times 10^4$$

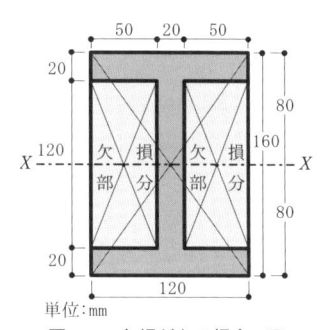

単位：mm

図9・7　欠損がある場合の図

$$\approx 2.66 \times 10^7 \text{mm}^4$$

断面係数 $Z = \dfrac{I_X}{y} = \dfrac{2656 \times 10^4}{80} = 3.32 \times 10^5 \text{ mm}^3$

よって，4.が正解．

1・3 断面係数

断面係数 Z は，**曲げ材の設計に用いる係数である**．

断面係数の値が大きい部材ほど，曲げに対して強い．

その計算方法は，図心軸についての断面二次モーメントを，その軸から断面の最も遠い縁（縁端という）までの距離 y_1, y_2 (x_1, x_2) で除して求める．

なお，**断面係数 Z は，和や差の公式を活用して求めることができない**．

☞ 必ず覚える！ 公式40

・X_0 軸について（図 9・8(a) 参照）

$$Z_{X1} = \frac{I_{X0}}{y_1} \quad (9 \cdot 10), \quad Z_{X2} = \frac{I_{X0}}{y_2} \quad (9 \cdot 11)$$

・Y_0 軸について（図 9・8(a) 参照）

$$Z_{Y1} = \frac{I_{Y0}}{x_1} \quad (9 \cdot 12), \quad Z_{Y2} = \frac{I_{Y0}}{x_2} \quad (9 \cdot 13)$$

長方形断面の場合

・X_0 軸について（図 9・8(b) 参照）

$$Z_{X1} = Z_{X2} = \frac{BD^2}{6} \quad (9 \cdot 14)$$

・Y_0 軸について（図 9・8(b) 参照）

$$Z_{Y1} = Z_{Y2} = \frac{DB^2}{6} \quad (9 \cdot 15)$$

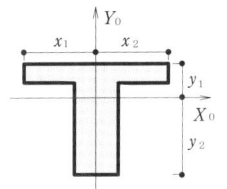

(a) T形断面の場合

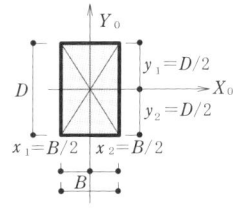

(b) 長方形断面の場合

図 9・8 断面係数 Z

出題例48 図のような断面をもつ製材（木材）のはり A，B，C の X 軸まわりの曲げ強さの大小関係として，正しいものは，次のうちどれか．ただし，すべてのはりの材質，支持条件およびスパンは同一とし，はり B および C を構成する部材は，それぞれ相互に接合されていないものとする．

1. A = B = C
2. A = B > C
3. A > B = C
4. A = C > B

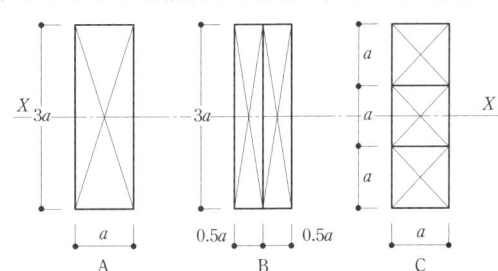

[解答例]

曲げ強さは，$\sigma = \dfrac{M}{Z}$ から計算する．

したがって，断面係数 Z が大きいほど，曲げ応力度 σ は小さくなり，安全性が増して，曲げに対して強いといえる．よって，Z の計算からその大小関係を求める．

A は，$a \times 3a$ の断面が1つであるから，

断面係数 $Z_A = \dfrac{a \times (3a)^2}{6} = \dfrac{9a^3}{6}$

B は，$0.5a \times 3a$ の断面が2つあるから，

断面係数 $Z_B = \dfrac{0.5a \times (3a)^2}{6} \times 2 = \dfrac{9a^3}{6}$

C は，$a \times a$ の断面が3つあるから，

断面係数 $Z_C = \dfrac{a \times a^2}{6} \times 3 = \dfrac{3a^3}{6}$

以上より，曲げ強さの大小関係は A＝B＞C となる．
よって，2. が正解．

出題例 49 図のような H 形断面の X 軸に関する断面係数 Z と塑性断面係数 Z_P の組合せとして，正しいものは，右のうちどれか．ただし，幅 b，高さ h の長方形断面の塑性断面係数 Z_P は，$Z_P = \dfrac{bh^2}{4}$ で与えられている．

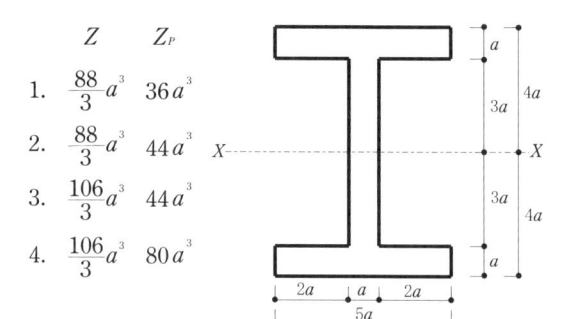

	Z	Z_P
1.	$\dfrac{88}{3}a^3$	$36a^3$
2.	$\dfrac{88}{3}a^3$	$44a^3$
3.	$\dfrac{106}{3}a^3$	$44a^3$
4.	$\dfrac{106}{3}a^3$	$80a^3$

[解答例]

断面係数 Z は，和や差の公式を活用することができないので，断面二次モーメントを先に求めてから計算する．

塑性断面係数 Z_P は，和や差の公式を活用して求めることができる．すなわち，全体の長方形から欠損部分の長方形を2つ差し引くことによって求める．

断面二次モーメント $I_X = \dfrac{5a \times (8a)^3}{12} - \dfrac{2a \times (6a)^3}{12} \times 2 = \dfrac{2560a^4}{12} - 72a^4 = \dfrac{424a^4}{3}$

断面係数 $Z = \dfrac{I_X}{y} = \dfrac{424a^4/3}{4a} = \dfrac{106a^3}{3}$

塑性断面係数 $Z_P = \dfrac{5a \times (8a)^2}{4} - \dfrac{2a \times (6a)^2}{4} \times 2 = 80a^3 - 36a^3 = 44a^3$

よって，3.が正解．

● 1・4　断面二次半径

断面二次半径 i は，**圧縮材の細長比**や**座屈荷重**などに関係する係数である．

断面二次半径の値が大きい部材ほど，座屈しにくく，圧縮力や曲げモーメントに対して強い．

その計算方法は，図心軸についての断面二次モーメントを，断面積で除した値の平方根として求める．

なお，**断面二次半径は，和や差の公式を活用して求めることができない**．

☞ **必ず覚える！公式 41**

$$i_X = \sqrt{\dfrac{I_{X0}}{A}} \text{ (mm)} \tag{9・16}$$

$$i_Y = \sqrt{\dfrac{I_{Y0}}{A}} \text{ (mm)} \tag{9・17}$$

● 1・5　断面極二次モーメント

断面極二次モーメントは，**ねじれ**に関係する係数である．

断面極二次モーメントは，ある点についての断面二次モーメントであると考えられ，次式から求める（図 9・9 参照）．

なお，記号には I_P を用い，単位は mm^4 とする

$$\begin{aligned} I_P &= \Sigma\, a \cdot r^2 = \Sigma\, a(x^2 + y^2) \\ &= \Sigma\, a \cdot x^2 + \Sigma\, a \cdot y^2 \\ &= I_Y + I_X \end{aligned} \tag{9・18}$$

図 9・9　断面極二次モーメント I_P

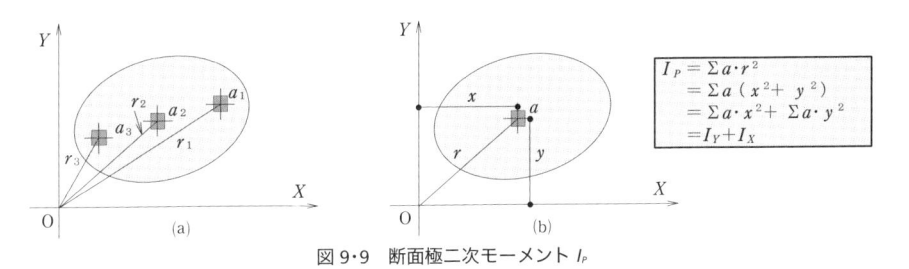

上式からわかるように，断面極二次モーメントは，直角に交わる X 軸，Y 軸についての断面二次モーメント I_X，I_Y の和として求めることができる．円形断面の断面極二次モ

ーメントは，円の中心を通る任意の軸に関する断面二次モーメントの2倍になる．

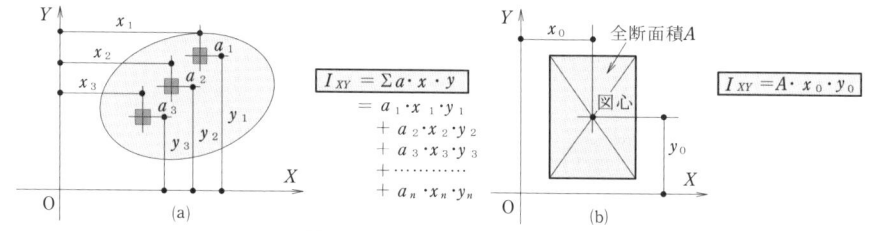

● 1・6 断面相乗モーメント

断面相乗モーメント I_{XY} は，**断面の主軸**を求めるときに関係する係数である．

断面相乗モーメントは，図9・10のように，ある微小図形の面積 a に図心から直角に交わる2軸までの距離 $x \cdot y$ を乗じて寄せ集めたものと考えられ，次式から求める．

なお，記号には I_{XY} を用い，単位は mm^4 とする．

図9・10(a)の一般図形では	$I_{XY} = \Sigma a \cdot x \cdot y$	(9・19)
図9・10(b)の長方形断面では	$I_{XY} = A \cdot x_0 \cdot y_0$	(9・20)

断面相乗モーメントは，断面一次モーメントと同様に，全体の断面図形が複数の図形の集合体であるときは，全体図形を個々の図形に分割し，それらの図形の断面相乗モーメントの総和として計算することができる．

図9・10 断面相乗モーメント I_{XY}

断面の図心を通って直角に交わる2軸のうち図形の対称軸がある場合は，その軸に関して図形の面積要素が等しく，かつ一方がマイナスになるから，**対称軸に関する断面相乗モーメントは0になる**．

断面相乗モーメントが0になる直交軸を，**断面の主軸**という．

したがって，図形に対称軸がある場合は，その対称軸とそれに直角な軸の両方の軸が**主軸**となる．

また，断面の図心を通って直角に交わる2軸は，その傾きを変化させても，直交軸に関する断面二次モーメントの**和は一定**である．その直交軸が主軸であるときは，一方の軸に関する断面二次モーメントが最大になり，他方の軸に関する断面二次モーメントが最小になる性質がある．

断面二次モーメントが最大になる主軸を**強軸**といい，最小になる主軸を**弱軸**という．

出題例 50　図のような各種断面形における断面の主軸として，誤っているものは，次のうちどれか．

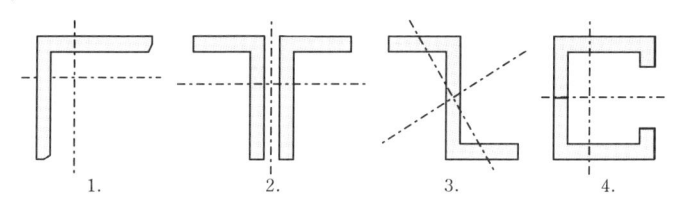

解答例

断面の主軸となる軸には，対称軸であることが必要である．

したがって，2．，4．は正しい．3．は対称軸はないが，主軸は図の位置となる．

1．は，対称軸が存在する右図のような軸が主軸となる．

よって，1．が正解．

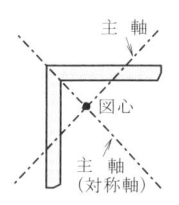

2 各種応力度・ひずみ度

部材断面には，幅や高さ（せい）がある．したがって，軸方向力やせん断力などの応力は，断面の図心である1点に生じるのではなく，断面全体に分布してあらゆる部分に生じると考えられる．

本節では，断面 1mm² 当たりの応力，すなわち**応力度**と，部材が変形することによって生ずる**ひずみ度**について学ぶこととする．

各種の応力度やひずみ度などは，公式を暗記し，その活用方法を覚えることが肝要である．

これらを表9・2のような一覧表にまとめた．

表9・2　各種応力度

応力度・ひずみ度	公式	単位	備考
垂直応力度	$\sigma = \dfrac{N}{A}$	N/mm²	材軸方向に外力が作用するときの部材断面に生ずる応力度．
せん断応力度	$\tau = k \cdot \dfrac{Q}{A}$	N/mm²	k は断面形によって決まる係数で長方形断面のはりでは 1.5，円形では 4/3．単純せん断の場合は 1．
曲げ応力度	$\sigma_b = \dfrac{M}{Z}$	N/mm²	M：最大曲げモーメント　Z：断面係数
組合せ応力度	$\sigma = \dfrac{N}{A} \pm \dfrac{M_X}{Z_X} \pm \dfrac{M_Y}{Z_Y}$	N/mm²	N：軸方向力　A：断面積　M：曲げモーメント　Z：断面係数
縦ひずみ度	$\varepsilon = \dfrac{\Delta l}{l}$	無次元数	Δl：縦ひずみ．軸方向力が引張力のとき（＋），圧縮力のとき（－）．

第9章　断面の係数と応力度

横ひずみ度	$\varepsilon' = \dfrac{\Delta d}{d}$	無次元数	横方向の縮みを($-$)とし，太くなる場合を($+$)とする．
ポアソン比	$\nu = \dfrac{\varepsilon'}{\varepsilon}$	無次元数	材料によって一定．鋼材の場合は約 0.3 である．ポアソン比の逆数を**ポアソン数**という．
せん断ひずみ度	$\gamma = \dfrac{\Delta s}{l}$	rad	長方形にずれが生じて平行四辺形になるときの l に対する Δs の割合．
ヤング係数	$E = \dfrac{\sigma}{\varepsilon} = \dfrac{(N/A)}{(\Delta l/l)}$	N/mm²	弾性体におけるフックの法則の定数を**弾性係数**といい，長さの変形に対応するものが**ヤング係数**．

● 2・1　垂直応力度

材軸方向に外力 P が働くと，それにつり合う力 $N_右$ や $N_左$ が部材内部に生ずる．この力 N を**応力**（内力）といい，この応力が**軸方向力**である．

軸方向力が，材軸に垂直な断面の断面積 1mm² 当たりに分布したときの力を**垂直応力度**という（図 9・11 参照）．

記号は σ（シグマ），単位は，N/mm²，kN/m² などを用いる．

軸方向力には，引張力と圧縮力があるように，垂直応力度にも**引張応力度**と**圧縮応力度**がある．

符号が必要なときは，引張応力度の場合を正（$+$），圧縮応力度の場合を負（$-$）とする．

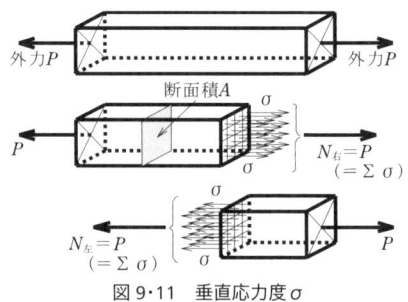

図 9・11　垂直応力度 σ

☞ 必ず覚える！　公式 42

引張応力度 $\sigma_t = \dfrac{N_t}{A}$ (N/mm²)   (9・21)

圧縮応力度 $\sigma_c = \dfrac{N_c}{A}$ (N/mm²)   (9・22)

☞ 必ず覚える！　約束事

N_t の t は，tensile force の頭文字，N_c の c は，compressive force の頭文字．

● 2・2　せん断応力度

材軸と直角方向に外力 P が働くと，それにつり合う力 $Q_右$ や $Q_左$ が部材内部に生ずる．この力 Q を**応力**（内力）といい，この応力が**せん断力**である．

せん断力が，材軸に直角な断面の断面積 1mm² 当たりに分布したときの力を**せん断応力度**という（図 9・12 参照）．

記号は τ（タウ），単位は，N/mm²，kN/m² などを用いる．

せん断力には，時計回りのずれと反時計回りのずれとがあるように，せん断力応力度

にも**時計回りのずれ（＋）**と**反時計回りのずれ（−）**とがある．

(a) 単純せん断の場合　　(b) はりのせん断の場合

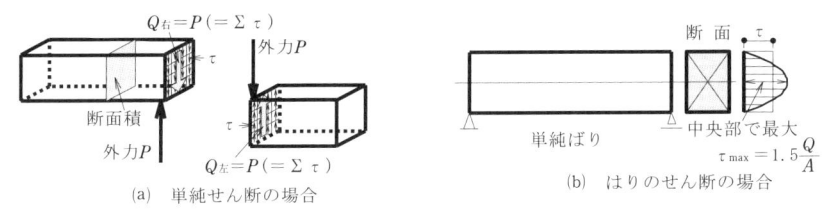

図9・12　せん断応力度 τ

> ☞ **必ず覚える！公式43**
>
> ・単純せん断の場合
>
> せん断応力度 $\tau = \dfrac{Q}{A}$ (N/mm^2)   (9・23)
>
> ・はりのせん断の場合
>
> 最大せん断応力度 $\tau_{max} = k \cdot \dfrac{Q}{A}$ (N/mm^2)   (9・24)
>
> k：長方形断面の場合 $k = 1.5 (3/2)$，円形断面の場合 $k = 4/3$

符号が必要なときは，時計回りのずれの場合を正（＋），反時計回りのずれの場合を負（−）とする．

長方形ばりのせん断応力度の計算では，Q/A の値を **1.5 倍**して求める．

では，せん断応力度についての出題例を解いてみよう．

出題例 51　図のような矩形断面をもつ部材に荷重 120kN を加えた場合，$a-a$ 断面の A，B，C 点におけるせん断応力度の大きさとして，正しいものは，次のうちどれか．ただし，矩形断面材は，等質等断面で，底部は完全固定されているものとし，応力度の単位は N/mm^2 とする．

	A 点	B 点	C 点
1.	0	1.0	0
2.	0	1.5	0
3.	0.5	1.0	0.5
4.	0.5	1.5	0.5

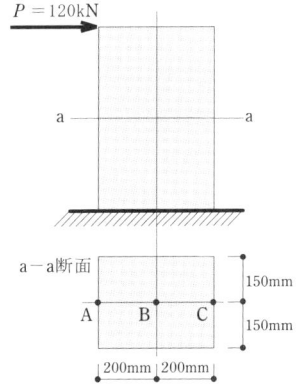

第9章　断面の係数と応力度

> [解答例]

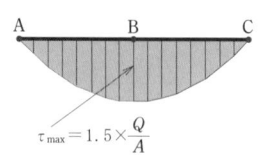

矩形断面のせん断応力度 τ_{max} は，a − a 断面の A − B − C の各点を放物線で結ぶような分布となる．

右図からも分かるように，断面の両端部 A，C 点は応力度が 0 となり，中央の B 点で最大値 τ_{max} の値をとる．

$$\therefore \tau_A = 0, \quad \tau_C = 0, \quad \tau_B = \tau_{max} = 1.5 \times \frac{Q}{A} = 1.5 \times \frac{120000}{400 \times 300} = 1.5 \text{ N/mm}^2$$

よって，2. が正解．

● 2・3　曲げ応力度

材軸を曲げるように外力のモーメント M が働くと，それにつり合うモーメント $M_右$ や $M_左$ が部材内部に生ずる．このモーメント M を**応力**（内力）といい，この応力が**曲げモーメント**である．

図 9・13 のように，中立軸からの距離に比例して大きくなるように生ずるとき，断面積 1mm^2 当たりの応力を**曲げ応力度**という．

記号は σ_b（シグマ・ビー），単位は，N/mm^2，kN/m^2 などを用いる．

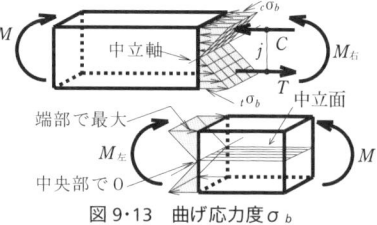

図 9・13　曲げ応力度 σ_b

> **必ず覚える！公式 44**
>
> 曲げ応力度 $\sigma_b = \dfrac{M}{I} \cdot y \ (\text{N/mm}^2)$ （9・25）
>
> 縁応力度
> （最大曲げ応力度）
> $\begin{cases} {}_t\sigma_b = \dfrac{M}{Z_t} \ (\text{N/mm}^2) : 引張応力度 & (9\cdot26) \\ {}_c\sigma_b = \dfrac{M}{Z_c} \ (\text{N/mm}^2) : 圧縮応力度 & (9\cdot27) \end{cases}$

符号が必要ならば，引張応力度の場合を正（＋），圧縮応力度の場合を負（−）とする．
材軸に沿った伸び縮みしない面を**中立面**といい，断面内で曲げ応力度が 0 となる線を**中立軸**という．中立軸から最も遠い位置では，正（＋），負（−）の曲げ応力度が最大になり，これを**縁応力度**という．

はりに生じる応力度において，曲げ応力度は，断面の上下**端部で最大**値を取り，**中央部では 0** になる．せん断応力度は，断面の**中央部で最大**値を取り**両端部で 0** になる．

曲げ応力度を計算するときの曲げモーメントは，どの軸回りに作用するかに注目する．このとき，断面係数は，モーメントが作用している軸について求める．すなわち，モーメントが作用している**軸に平行な寸法を幅**として，断面係数 $Z = 幅 \times (せい)^2 / 6$ より計算する．

出題例52 図のような荷重をスパンの中央に受ける単純ばりにおいて，断面$Y-Y$の中立軸の位置Aに生ずるせん断応力度をτ，最外端Bに生ずる引張応力度をσとするとき，σ/τの値が4となるようなxの値として，正しいものは，次のうちどれか．

1. $2D$
2. $\dfrac{5}{3}D$
3. $\dfrac{4}{3}D$
4. D

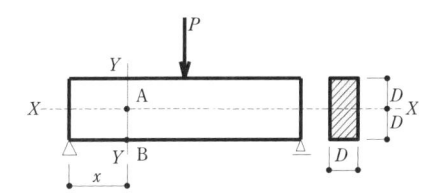

[解答例]

A点のせん断応力度 $\tau = 1.5 \times \dfrac{Q}{A} = \dfrac{3}{2} \times \dfrac{P/2}{D \times 2D} = \dfrac{3P}{8D^2}$

B点の曲げ応力度を求めるとき，モーメントは，X軸回りに生じるから，X軸に平行な寸法のDが幅になり，$2D$がせいになる．

したがって，断面係数Zは，$Z = \dfrac{D \times (2D)^2}{6}$ となる．

B点の曲げ応力度 $\sigma = \dfrac{M}{Z} = \dfrac{(P/2) \times x}{D \times (2D)^2/6} = \dfrac{3P \cdot x}{4D^3}$

したがって，$\dfrac{\sigma}{\tau} = \dfrac{3P \cdot x}{4D^3} \times \dfrac{8D^2}{3P} = \dfrac{2x}{D} = 4$　∴ $x = 2D$

よって，1．が正解．

出題例53 図のように柱脚を固定した2本の柱A，Bがあり，それらの柱頭の図心は，ピン接合した剛な棒で連結している．剛な棒の端部に水平荷重Pが作用する場合，柱脚のa，b点における曲げ応力度σ_a，σ_bの比として，正しいものは，次のうちどれか．ただし，柱A，Bはヤング係数が等しく，応力は弾性範囲内にあるものとし，剛な棒の厚さとピンの高さは無視するものとする．

$\sigma_a : \sigma_b$
1. $1 : 4$
2. $1 : 2$
3. $2 : 1$
4. $4 : 1$

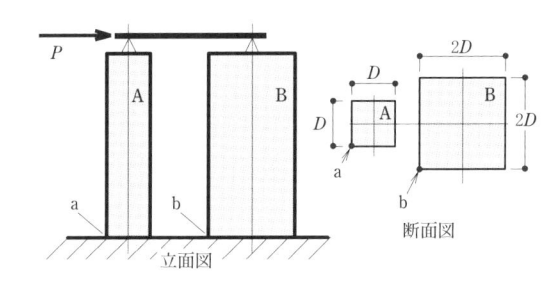

[解答例]

剛な棒で柱頭を連結しているので，荷重Pによる，柱A，Bの柱頭の変位δは等しい．

$$\delta_A = \delta_B$$

柱頭をδだけ変位させる荷重の大きさを，次のように決める．

このとき，

$$P = P_A + P_B$$

が成り立ち，柱Aの柱頭をδ_Aだけ変位させる荷重の大きさをP_A，柱Bの柱頭をδ_Bだけ変位させる荷重の大きさをP_Bとする．

また，このときの断面二次モーメントIは，

柱Aでは，$I_A = \dfrac{D^4}{12}$，　柱Bでは，$I_B = \dfrac{(2D)^4}{12} = \dfrac{16D^4}{12}$となる．

では，柱頭の変位を片持ばりのたわみとして求めてみよう．

柱Aの柱頭の変位 $\delta_A = \dfrac{P_A \cdot l^3}{3EI} = \dfrac{P_A \cdot l^3}{3E(D^4/12)} = \dfrac{4P_A \cdot l^3}{ED^4}$

柱Bの柱頭の変位 $\delta_B = \dfrac{P_B \cdot l^3}{3EI} = \dfrac{P_B \cdot l^3}{3E(16D^4/12)} = \dfrac{4P_B \cdot l^3}{16ED^4}$

$\delta_A = \delta_B$の条件より，$\dfrac{4P_A \cdot l^3}{ED^4} = \dfrac{4P_B \cdot l^3}{16ED^4}$　∴ $16P_A = P_B$となる．

a点，b点の曲げ応力度を求める．

このときの曲げモーメントおよび断面係数は，

柱Aでは，曲げモーメント$M_A = P_A \cdot l$，断面係数$Z_A = \dfrac{D^3}{6}$

柱Bでは，曲げモーメント$M_B = P_B \cdot l$，断面係数$Z_B = \dfrac{(2D)^3}{6} = \dfrac{8D^3}{6}$

となる．

a点の曲げ応力度 $\sigma_a = \dfrac{M_A}{Z_A} = \dfrac{P_A \cdot l}{D^3/6} = \dfrac{6P_A \cdot l}{D^3}$

b点の曲げ応力度 $\sigma_b = \dfrac{M_B}{Z_B} = \dfrac{P_B \cdot l}{8D^3/6} = \dfrac{6P_B \cdot l}{8D^3}$

以上より，$\sigma_a : \sigma_b = \dfrac{6P_A \cdot l}{D^3} : \dfrac{6P_B \cdot l}{8D^3} = P_A : \dfrac{P_B}{8} = P_A : \dfrac{16P_A}{8} = 1 : 2$

よって，2.が正解．

● **2・4　組合せ応力度**

　図 9・14 のように，柱などに軸方向力 N と曲げモーメント M_X が同時に作用する場合，その縁応力度は，組合せ応力度として求める．

　このとき，軸方向力 N は引張力の場合と圧縮力の場合とがある．また，軸方向力 N による垂直応力度（N/A）と曲げモーメント M による曲げ応力度（M/Z）の大小関係によって応力度の分布状態が図 9・14 ①，②，③ のように 3 種類に分けられる．特に注目するのは，垂直応力度と曲げ応力度が等しくなる ② の状態である．このときは，一方の端部の応力度が 0 になることに着目する．

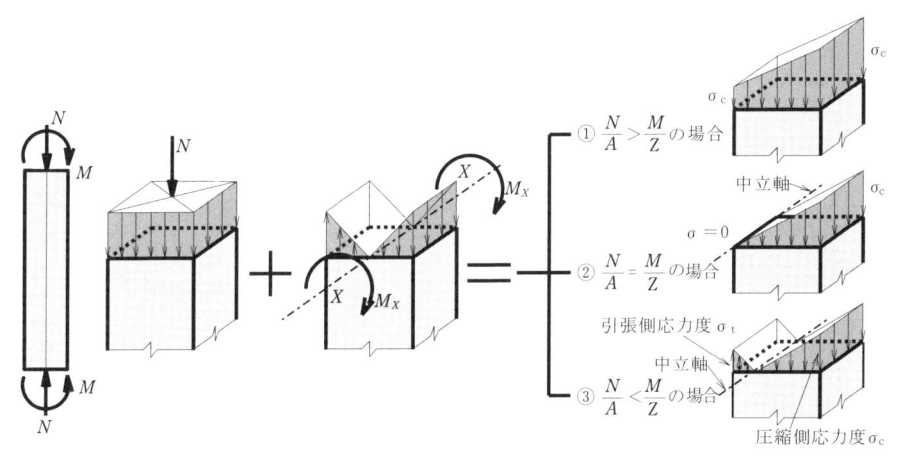

図 9・14　組合せ応力度

　では，軸方向力 N が引張力になる場合と圧縮力になる場合の縁応力度の公式を覚えよう．

> ☞ **必ず覚える！公式 45**
>
> ・引張力が作用する場合
>
> $$\begin{cases} 引張側\ \sigma_t = +\dfrac{N}{A} + \dfrac{M_X}{Z_X} & (9\cdot28) \\[2mm] 圧縮側\ \sigma_c = +\dfrac{N}{A} - \dfrac{M_X}{Z_X} & (9\cdot29) \end{cases}$$
>
> ・圧縮力が作用する場合
>
> $$\begin{cases} 引張側\ \sigma_t = -\dfrac{N}{A} + \dfrac{M_X}{Z_X} & (9\cdot30) \\[2mm] 圧縮側\ \sigma_c = -\dfrac{N}{A} - \dfrac{M_X}{Z_X} & (9\cdot31) \end{cases}$$

　X 軸または Y 軸方向に偏心して軸方向力が作用した場合の縁応力度は，軸方向力 N と 1 方向の曲げモーメント $M = N \cdot e$ が同時に作用したものと考え，「**必ず覚える！公式 45**」

を適用する．

長方形断面の対角線方向に軸方向力が偏心して作用したときは，軸方向力 N と2方向の曲げモーメント $M_X = N \cdot e_y$，$M_Y = N \cdot e_x$ が同時に作用したものとして組合せを考える（図9・15参照）．このときは，「**必ず覚える！公式46**」を適用する．曲げモーメント M_Y が作用したときの断面係数の計算において，**幅**と**せい**を確認すること．

☞ **必ず覚える！公式46**

・引張力が作用する場合

$$\begin{cases} 引張側\ \sigma_t = +\dfrac{N}{A} + \dfrac{M_X}{Z_X} + \dfrac{M_Y}{Z_Y} & (9\cdot32) \\[2mm] 圧縮側\ \sigma_c = +\dfrac{N}{A} - \dfrac{M_X}{Z_X} - \dfrac{M_Y}{Z_Y} & (9\cdot33) \end{cases}$$

・圧縮力が作用する場合

$$\begin{cases} 引張側\ \sigma_t = -\dfrac{N}{A} + \dfrac{M_X}{Z_X} + \dfrac{M_Y}{Z_Y} & (9\cdot34) \\[2mm] 圧縮側\ \sigma_c = -\dfrac{N}{A} - \dfrac{M_X}{Z_X} - \dfrac{M_Y}{Z_Y} & (9\cdot35) \end{cases}$$

(a) 2方向に偏心　$\sigma = -\dfrac{N}{A} \pm \dfrac{M_X}{Z_X} \pm \dfrac{M_Y}{Z_Y}$

(b) 中心圧縮力　$\sigma_c = -\dfrac{N}{A}$

(c) Y 軸方向に偏心　曲げモーメント $M_X = N \times (D/2)$　断面係数 $Z_X = \dfrac{幅B \times せいD^2}{6}$　曲げ応力度 $\sigma_b = \dfrac{M_X}{Z_X}$

(d) X 軸方向に偏心　曲げモーメント $M_Y = N \times (B/2)$　断面係数 $Z_Y = \dfrac{幅D \times せいB^2}{6}$　曲げ応力度 $\sigma_b = \dfrac{M_Y}{Z_Y}$

図9・15　2方向に偏心した場合

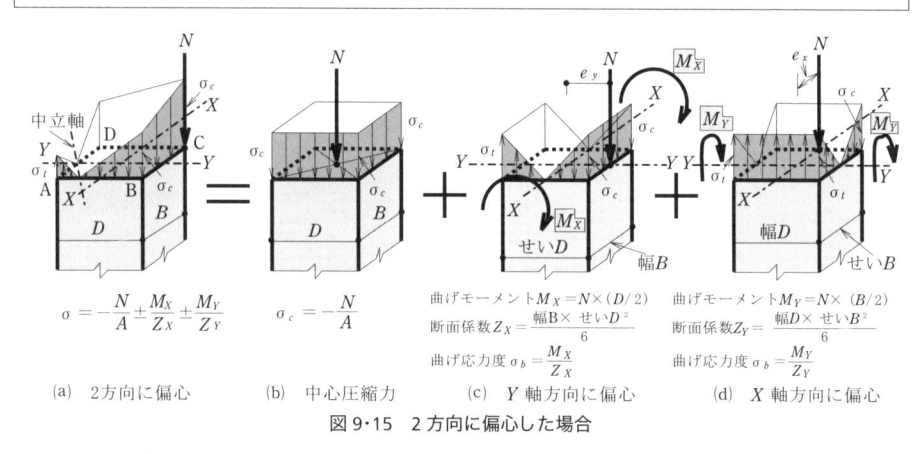

図9・15より，A～D点の応力度は次のように求める．

すなわち，図9・15の図(b)，(c)，(d)のA～D点の応力度を引張応力度か圧縮応力度かを見極め，それぞれの大きさの応力度を加え合わせることによって所定の点の応力度を求めることができる．

図(b)では，全断面圧縮であるからA～D点は圧縮応力度となる．図(c)では，A，D点は引張応力度であり，B，C点では圧縮応力度である．図(d)では，A，B点は引張応力度であり，C，D点では圧縮応力度である．

よって，次のように計算する．

A 点の応力度 $\sigma_A = -\dfrac{N}{A} + \dfrac{M_X}{Z_X} + \dfrac{M_Y}{Z_Y}$　　B 点の応力度 $\sigma_B = -\dfrac{N}{A} - \dfrac{M_X}{Z_X} + \dfrac{M_Y}{Z_Y}$

C 点の応力度 $\sigma_C = -\dfrac{N}{A} - \dfrac{M_X}{Z_X} - \dfrac{M_Y}{Z_Y}$　　D 点の応力度 $\sigma_D = -\dfrac{N}{A} + \dfrac{M_X}{Z_X} - \dfrac{M_Y}{Z_Y}$

出題例 54　図のような長方形断面材の A 点および B 点に荷重 P が作用している場合,線分 AB に垂直な断面 S に生じる「引張応力度の最大値」と「圧縮応力度の最大値」との組合せとして,正しいものは,次のうちどれか.ただし,長方形断面材は等質等断面であり,線分 AB は断面寸法に比べて十分長いものとする.

	引張応力度の最大値	圧縮応力度の最大値
1.	$\dfrac{5P}{3D^2}$	$\dfrac{P}{D^2}$
2.	$\dfrac{2P}{D^2}$	$\dfrac{2P}{D^2}$
3.	$\dfrac{7P}{3D^2}$	$\dfrac{5P}{3D^2}$
4.	$\dfrac{3P}{D^2}$	$\dfrac{7P}{3D^2}$

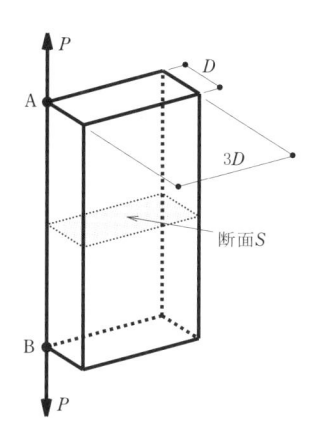

[解答例]

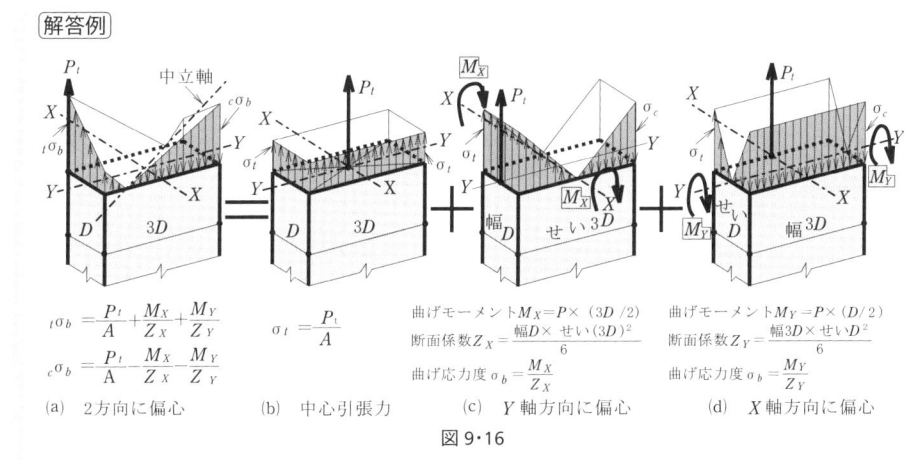

$${}_t\sigma_b = \dfrac{P_t}{A} + \dfrac{M_X}{Z_X} + \dfrac{M_Y}{Z_Y}$$

$${}_c\sigma_b = \dfrac{P_t}{A} - \dfrac{M_X}{Z_X} - \dfrac{M_Y}{Z_Y}$$

(a)　2 方向に偏心

$$\sigma_t = \dfrac{P_t}{A}$$

(b)　中心引張力

曲げモーメント $M_X = P \times (3D/2)$
断面係数 $Z_X = \dfrac{\text{幅}D \times \text{せい}(3D)^2}{6}$
曲げ応力度 $\sigma_b = \dfrac{M_X}{Z_X}$

(c)　Y 軸方向に偏心

曲げモーメント $M_Y = P \times (D/2)$
断面係数 $Z_Y = \dfrac{\text{幅}3D \times \text{せい}D^2}{6}$
曲げ応力度 $\sigma_b = \dfrac{M_Y}{Z_Y}$

(d)　X 軸方向に偏心

図 9・16

　荷重 P が 2 方向に偏心している場合は,図 9・16 (b), (c), (d) のように,3 つの応力度を考え,これらの総和として所定の応力度を求める (図 9・16 (a) 参照).

　このとき,図 (c), (d) のように**幅とせい**の取り方に注意する必要がある.すなわち,

図(c)ではX軸回りにモーメントが作用するからX軸に平行な寸法Dが幅になり，図(d)ではY軸回りにモーメントが作用するからY軸に平行な寸法$3D$が幅になる．

では，図9・16を参考にしながら解答を説明しよう．

引張応力度 $\sigma_t = \dfrac{N_t}{A} = \dfrac{P}{D \times 3D} = \dfrac{P}{3D^2}$

X軸に対する曲げ応力度 $\sigma_b = \dfrac{M_X}{Z_X} = \dfrac{P \times \dfrac{3D}{2}}{\dfrac{D \times (3D)^2}{6}} = \dfrac{P}{D^2}$

ポイント
断面係数Zの計算では，
$$Z = \dfrac{幅 \times (せい)^2}{6}$$
より求める．

Y軸に対する曲げ応力度 $\sigma_b = \dfrac{M_Y}{Z_Y} = \dfrac{P \times \dfrac{D}{2}}{\dfrac{3D \times D^2}{6}} = \dfrac{P}{D^2}$

引張応力度の最大値 $_t\sigma_b = \dfrac{P}{3D^2} + \dfrac{P}{D^2} + \dfrac{P}{D^2} = \dfrac{7P}{3D^2}$

圧縮応力度の最大値 $_c\sigma_b = \dfrac{P}{3D^2} - \dfrac{P}{D^2} - \dfrac{P}{D^2} = -\dfrac{5P}{3D^2}$

よって，3. が正解．

出題例 55 図－1のような底部で固定された矩形断面材の頂部の図心G点に荷重Pおよび荷重Qが作用するときの底部a－a断面における垂直応力度分布が図－2に示されている．PとQとの組合せとして，正しいものは，次のうちどれか．ただし，等質等断面とし，自重はないものとする．

	P	Q
1.	$\dfrac{\sigma BD}{4}$	$\dfrac{\sigma BD^2}{6l}$
2.	$\dfrac{\sigma BD}{4}$	$\dfrac{\sigma BD^2}{12l}$
3.	$\dfrac{\sigma BD}{2}$	$\dfrac{\sigma BD^2}{6l}$
4.	$\dfrac{\sigma BD}{2}$	$\dfrac{\sigma BD^2}{12l}$

図－2

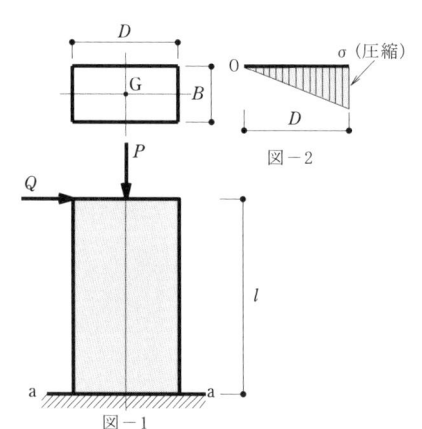

図－1

解答例

・鉛直荷重 P に対する垂直応力度 σ_c　　　・水平荷重 Q に対する曲げ応力度 σ_b

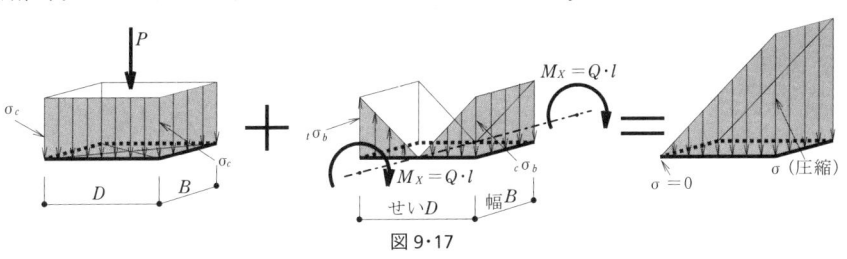

図 9・17

垂直応力度 $\sigma_c = \dfrac{P}{A} = \dfrac{P}{BD}$　　　　曲げ応力度 $\sigma_b = \dfrac{M_X}{Z_X} = \dfrac{Q \cdot l}{BD^2/6}$

このときの組合せ応力度は，
左端の応力度は 0 であるから，　　　　　　　　右端の応力度は，圧縮で，

$$-\dfrac{P}{BD} + \dfrac{Q \cdot l}{\dfrac{BD^2}{6}} = 0 \cdots\cdots ①$$

$$-\dfrac{P}{BD} - \dfrac{Q \cdot l}{\dfrac{BD^2}{6}} = -\sigma \cdots\cdots ②$$

この①，②の連立方程式を解く．

①+② より，$-\dfrac{2P}{BD} = -\sigma$ 　　　∴ $P = \dfrac{\sigma BD}{2}$

①−② より，$\dfrac{2Q \cdot l}{BD^2/6} = \sigma$ 　　　∴ $Q = \dfrac{\sigma BD^2}{12\,l}$

よって，4. が正解．

❸ 各種ひずみ度・ヤング係数

部材に材軸方向の力が作用すると，部材は伸びたり縮んだりする．また，材軸と直角方向の力が作用するとずれが生ずる．

これらの伸び，縮み，ずれの変形量を**ひずみ**という．このひずみ量を元の量で除した値を，すなわち，単位長さ当たりのひずみ量を**ひずみ度**という．

> ☞ **必ず覚える！ 公式 47**
>
> ひずみ度 $= \dfrac{\text{ひずみ量}}{\text{元の量}}$ 　　　　　　　　　　　　　　　　　　　　　(9・36)

● 3・1　縦ひずみ度 ε

図9・18のように，長さ l の部材に引張力や圧縮力を加えると，伸びたり縮んだりする．このときの変形量をまとめて**縦ひずみ**という．

部材の元の長さを l，伸びた長さ（縦ひずみ）を Δl とするとき，l に対する Δl の割合を**縦ひずみ度**といい，記号は ε（エプシロン）で表し，単位は無次元数（単位なし）である．

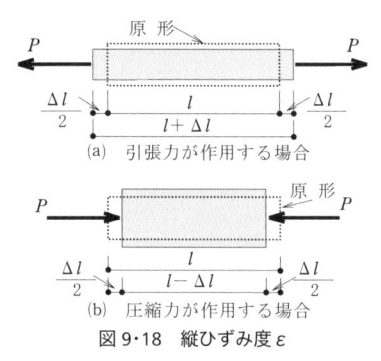

図9・18　縦ひずみ度 ε

☞ 必ず覚える！公式 48

$$総ひずみ度\ \varepsilon = \frac{伸びた長さ\Delta l}{元の長さ l}（無次元数） \tag{9・37}$$

縦ひずみ度 ε の符号は，軸方向力が引張力のときを正（＋），圧縮力のときを負（−）とする．

● 3・2　横ひずみ度 ε′

図9・19のように，部材に引張力を加えると，軸方向（長さ方向）に伸びる（縦ひずみが生ずる）と同時に，横方向には縮みが生じ，断面が収縮する．この横方向の縮みの変形量を**横ひずみ**という．

部材の元の横幅を d，縮んだ量（横ひずみ）を Δd とするとき，d に対する Δd の割合を**横ひずみ度**といい，記号は ε' で表し，単位は無次元数（単位なし）である．

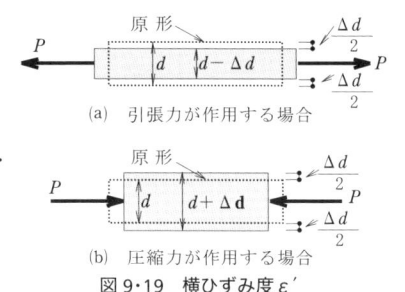

図9・19　横ひずみ度 ε'

☞ 必ず覚える！公式 49

$$横ひずみ度\ \varepsilon' = \frac{太くなった幅\Delta d}{元の幅 d}（無次元数） \tag{9・38}$$

横ひずみ度 ε' の符号は，圧縮力が作用して太くなったときを正（＋），引張力が作用して細くなったときを負（−）とする．

● 3・3　ポアソン比・ポアソン数

縦ひずみ度 ε に対する横ひずみ度 ε' の割合を**ポアソン比**という．

記号は ν（ニュー）で表し，単位は無次元数である．

> ☞ 必ず覚える！ 公式 50

$$\text{ポアソン比 } \nu = \frac{\text{横ひずみ度 } \varepsilon'}{\text{縦ひずみ度 } \varepsilon} \text{（無次元数）} \tag{9・39}$$

ポアソン比は，材料によって一定であり，鋼材で 1/3.3（約 0.3），コンクリートで 1/6 の値としている．

このことは，横ひずみ（幅方向のひずみ）は，縦ひずみ（長さ方向のひずみ）の 1/3～1/6 と非常に小さいことから，部材の垂直応力度などの計算には，膨張・収縮による断面積の変化を無視して，元の断面積を用いることができる．

ポアソン比の逆数を**ポアソン数**という．鋼材で約 3.3，コンクリートでは約 6 となる．

● 3・4　せん断ひずみ度 γ

図 9・20 のように，部材に荷重 P が作用して，Δs だけずれたとき，このずれの量を**せん断ひずみ**という．

材長に変化なく平行四辺形に変形するとき，Δs に対する γ の角変化が生ずる．このときの長さ l に対する Δs の割合を**せん断ひずみ度**といい，記号は γ（ガンマ）で表し，単位は rad（ラジアン）である．

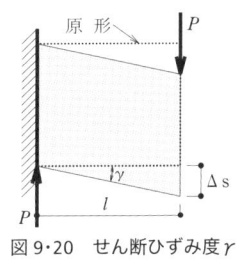

図 9・20　せん断ひずみ度 γ

> ☞ 必ず覚える！ 公式 51

$$\text{せん断ひずみ度 } \gamma = \frac{\text{ずれ} \Delta s}{\text{横幅 } l} \text{(rad)} \tag{9・40}$$

符号は，角変化が時計回りの場合を正（＋），反時計回りの場合を負（－）とする．この符号は，はりのせん断力を求める場合と同じである．

● 3・5　弾性係数

(a) 応力度とひずみ度の関係

図 9・21(a) のように，同じ材質の鋼材を 3 本用意して引張試験を行うと，変形が小さい範囲では図(b)のような結果が得られる．すなわち，鋼材 1 は太くて短いから伸びは最も小さく，鋼材 3 は細くて長いから伸びは最も大きい．

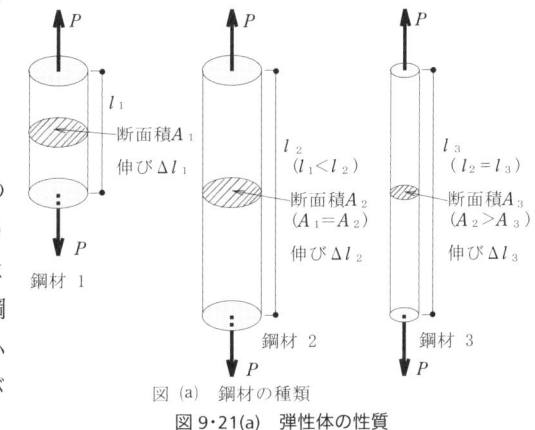

図 (a)　鋼材の種類
図 9・21(a)　弾性体の性質

図(b) 荷重と変形の関係

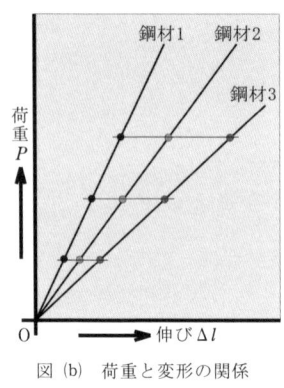

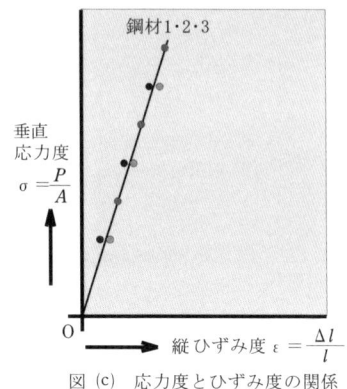

図(c) 応力度とひずみ度の関係

図9・21(b)(c) 弾性体の性質

次に，図(c)のように縦軸に垂直応力度を，横軸に縦ひずみ度を取り，それぞれの値を表すと1本の直線上に重なる．

このことから，3本の鋼材には次のような比例関係にあることが分かる．

☞ 必ず覚える！ 公式52

$$\frac{応力度}{ひずみ度} = 定数 \tag{9・41}$$

このような

応力度とひずみ度は比例する

という関係を，**フックの法則**という．

フックの法則は，応力度がある値を超えない範囲で成り立つ．

この関係から応力度が一定ならば，比例定数が大きい材料ほどひずみ度は小さくなる．

(b) 弾性係数

部材に外力を加えると変形し，内部には応力が生ずるが，外力を取り除くとひずみも応力も消えて部材は元の形に戻る．このような物体を**弾性体**といい，そのような性質を**弾性**という．外力を取り除くと，応力は消えるが，ひずみが残るときの性質を**塑性**という．

物体が弾性を示す範囲内で，応力度とひずみ度の間の比例定数（フックの法則の定数）を**弾性係数**という．

(c) ヤング係数（図9・22 参照）

弾性範囲内において，垂直応力度が縦ひずみ度に比例するときの比例定数を**ヤング係数**という．記号 E で表し，単位は応力度と同じ，N/mm^2，kN/m^2 などを用いる．

☞ 必ず覚える！公式53

$$E = \frac{垂直応力度\ \sigma}{縦ひずみ度\ \varepsilon} = \frac{N/A}{\Delta l/l} \quad (9\cdot 42)$$

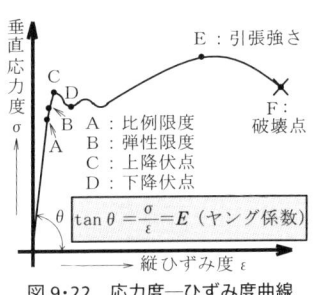

$$= \frac{N\cdot l}{A\cdot \Delta l} \quad (9\cdot 43)$$

図9・22 応力度―ひずみ度曲線

A：比例限度
B：弾性限度
C：上降伏点
D：下降伏点
E：引張強さ
F：破壊点

$\tan\theta = \dfrac{\sigma}{\varepsilon} = E$（ヤング係数）

伸びなどのひずみを求める場合は、次式による．

☞ 必ず覚える！公式54

$$伸び\ \Delta l = \frac{N\cdot l}{A\cdot E} \quad (9\cdot 44)$$

代表的な材料のヤング係数の値は、次のとおりである．

☞ 必ず覚える！重要事項

鋼　　　材：$E = 2.05 \times 10^5\ \text{N/mm}^2$（一定値）
コンクリート：$E = 2.27 \times 10^4\ \text{N/mm}^2$（$F_c = 24\text{N/mm}^2$の場合）
木　材（スギ）：$E = 0.686 \times 10^4\ \text{N/mm}^2$
　　（ヒノキ）：$E = 0.883 \times 10^4\ \text{N/mm}^2$

鋼材のヤング係数Eが一定値であることは、H形鋼などのはりのたわみが大きすぎる場合、鋼材の規格をSN400BからSN490Bに変更しても、たわみの大きさに変化はなく、たわみを小さくする効果は生じない．

では、出題例を解いてみよう．

出題例56 図のような断面積が一定で長さが$3l$である棒に、軸方向力P, P, $2P$が矢印の向きに作用している．このとき、棒の下端の軸方向変位の値として、正しいものは、右のうちどれか．ただし、棒の断面積をA、ヤング係数をEとし、自重は無視するものとする．

1. 0
2. $\dfrac{l}{AE}P$
3. $\dfrac{2l}{AE}P$
4. $\dfrac{3l}{AE}P$

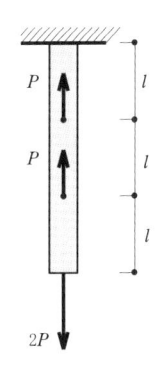

[解答例]

図9・23のように、棒に生じる引張応力の分布を考える。

また、このときの軸方向変位（伸び）は、3つに区分したそれぞれの区分の伸びの総和として考える（「**必ず覚える！公式54**」参照）。

引張応力度 $\sigma_t = \dfrac{P}{A}$

縦ひずみ度 $\varepsilon = \dfrac{\Delta l}{l}$

ヤング係数 $E = \dfrac{\sigma}{\varepsilon} = \dfrac{P/A}{\Delta l/l}$

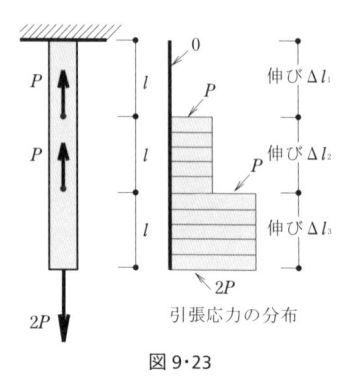

上式より軸方向変位 Δl を求める。 $\Delta l = \dfrac{P \cdot l}{A \cdot E}$

上図の引張応力の分布から、それぞれの部分の変位（伸び）の合計が Δl の大きさになる。

$\Delta l_1 = 0$, $\Delta l_2 = \dfrac{P \cdot l}{A \cdot E}$, $\Delta l_3 = \dfrac{2P \cdot l}{A \cdot E}$

∴ $\Delta l = 0 + \dfrac{P \cdot l}{A \cdot E} + \dfrac{2P \cdot l}{A \cdot E} = \dfrac{3P \cdot l}{A \cdot E}$

よって、4.が正解。

図9・23

第 10 章　全塑性モーメント

　本章で取り上げる全塑性モーメントの出題頻度は，10年間では2～3問と頻度はあまり高くないが，塑性断面係数などを含めた，もう少し幅を広めて見てみると，5～6問程度の出題があり，40%以上の確率で出題されていると考えたほうがよい．

　本章では，まず，過去問の中から，降伏応力度から全塑性モーメントを求める問題と軸方向力の応力ブロックをも考える問題を解説した．

1 全塑性モーメントのみが作用する場合

　図10・1に示す$B \times D$の長方形断面をもつ単純ばりに集中荷重が作用して曲げモーメントが生じるモデルを考える．

　荷重が作用し始めた当初は，図10・2(a)のように，**弾性状態**を示し，応力度分布は，中立軸からの距離に比例して，直線的に変化する．

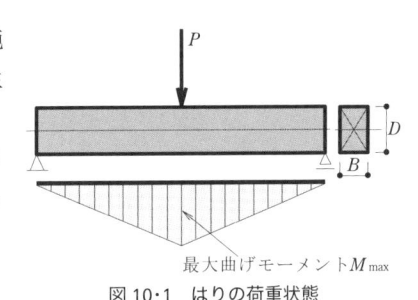

図 10・1　はりの荷重状態

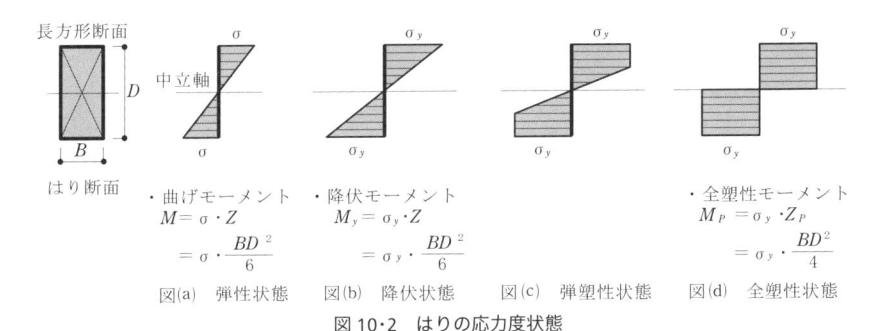

・曲げモーメント
$M = \sigma \cdot Z$
$= \sigma \cdot \dfrac{BD^2}{6}$
図(a)　弾性状態

・降伏モーメント
$M_y = \sigma_y \cdot Z$
$= \sigma_y \cdot \dfrac{BD^2}{6}$
図(b)　降伏状態

図(c)　弾塑性状態

・全塑性モーメント
$M_P = \sigma_y \cdot Z_P$
$= \sigma_y \cdot \dfrac{BD^2}{4}$
図(d)　全塑性状態

図 10・2　はりの応力度状態

　徐々に荷重を大きくして曲げモーメントを増大させると，図(b)のように最大応力度が**降伏応力度σ_y**に達する．このときの曲げモーメントを**降伏モーメントM_y**という．

　降伏モーメントを超えて，さらに荷重を加えて，曲げモーメントを増大させると，降伏が進んで断面は図(c)のような**弾塑性状態**になる．

　さらに降伏状態が進行すると，ついに全断面が降伏応力度σ_yに達し，応力度分布は図(d)のようになり，これ以上応力を負担できなくなる．

その結果，曲げモーメントを維持して回転だけを続ける**塑性ヒンジ**が発生する．このときの曲げモーメントを**全塑性モーメント M_P** という．

全塑性モーメント M_P は，引張側の応力度の合力 T と圧縮側の応力度の合力 C との偶力のモーメントとして，次式から求めることができる（図10・3参照）．

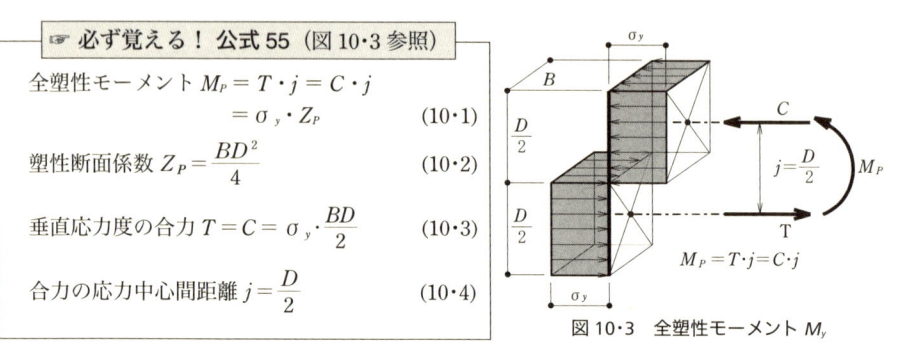

☞ **必ず覚える！ 公式55**（図10・3参照）

全塑性モーメント $M_P = T \cdot j = C \cdot j$
$ = \sigma_y \cdot Z_P$ （10・1）

塑性断面係数 $Z_P = \dfrac{BD^2}{4}$ （10・2）

垂直応力度の合力 $T = C = \sigma_y \cdot \dfrac{BD}{2}$ （10・3）

合力の応力中心間距離 $j = \dfrac{D}{2}$ （10・4）

図10・3 全塑性モーメント M_y

この公式は，次のような手順で求めることができる（図10・3参照）．

引張側の垂直応力度の合力 T と圧縮側の垂直応力度の合力 C は，図10・3の**応力度分布の図形（直方体）**の体積を計算することによって求めることができる．

$$T = C = \sigma_y \times B \times \dfrac{D}{2} = \sigma_y \cdot \dfrac{BD}{2}$$

合力の応力中心間距離は，$j = \dfrac{D}{2} \times \dfrac{1}{2} + \dfrac{D}{2} \times \dfrac{1}{2} = \dfrac{D}{2}$ であるから，

$$全塑性モーメント M_P = T \cdot j = C \cdot j = \sigma_y \times \dfrac{BD}{2} \times \dfrac{D}{2} = \sigma_y \times \dfrac{BD^2}{4} = \sigma_y \cdot Z_P$$

Z_P：塑性断面係数(mm³)　$Z_P = \dfrac{BD^2}{4}$

では，具体的に解法の手順を学んでみよう．

解法の手順

T形断面材に曲げモーメントのみが作用して，全断面が塑性化するモデルを考える．全断面が塑性化しているときは，次のようなことがいえる．

☞ **必ず覚える！ 公式56**

① 断面の引張部分の垂直応力度の合力 T と圧縮部分の垂直応力度の合力 C が等しい．常に $T = C$ となる．
② 全塑性状態では，中立軸は全断面積を2等分する位置にある．
③ 垂直応力度の合力 T と C は，それぞれの断面の引張部分の図心と圧縮部分の図心に作用している．

以上のことを考えて，解法の手順を述べる（図10・4参照）．

① 図(a)の垂直応力度分布は，図(b)のように奥行きのある立体図として描く．このとき，**奥行きは，T形断面部材の横幅を考える．**

② 引張側と圧縮側の垂直応力度の合力 T, C を求める．
図(b)の応力度分布の図形（直方体）の体積を求めることによって，集中荷重の大きさが計算できる．
$$T = \sigma_y \times a \times 4a = 4a^2 \cdot \sigma_y$$
$$C = \sigma_y \times 4a \times a = 4a^2 \cdot \sigma_y$$
その作用位置は，直方体の重心の位置である．
直方体の重心の位置＝中心の位置である．

③ 合力 T, C の応力中心間距離を求める．
中立軸から引張側合力 T の位置までの距離と圧縮側合力 C の位置までの距離との和として計算する．
$$j = \frac{a}{2} + 2a = 2.5a$$

④ 全塑性モーメント M_P を求める．
全塑性モーメント M_P は，**垂直応力度の合力 T と C の偶力**として求める．
$$M_P = T \cdot j = C \cdot j = (4a^2 \cdot \sigma_y) \times 2.5a = 10a^3 \cdot \sigma_y$$

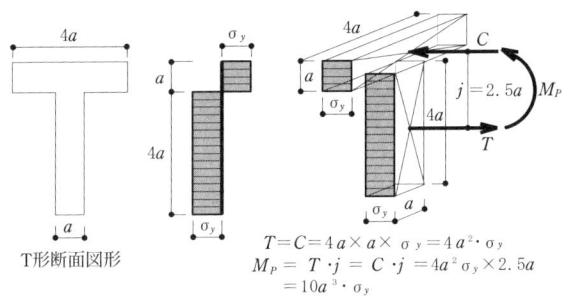

(a) 垂直応力度分布　(b) 全塑性モーメント

$T = C = 4a \times a \times \sigma_y = 4a^2 \cdot \sigma_y$
$M_P = T \cdot j = C \cdot j = 4a^2 \sigma_y \times 2.5a$
$= 10a^3 \cdot \sigma_y$

図10・4　全塑性モーメントの計算

なお，垂直応力度が降伏応力度状態にある場合は，その分布は三角形状となる．

このときの降伏モーメント M_y は，やはり，引張側合力 T と圧縮側合力 C の偶力として求める．

引張側合力 T と圧縮側合力 C は，図10・5のように，断面の幅を奥行きとした**応力度分布の図形（三角錐）の体積**として計算する．

$$T = C = B \times \frac{D}{2} \times \frac{1}{2} \times \sigma_y = \frac{BD \cdot \sigma_y}{4}$$

このときの応力中心間距離は，

$$j = \frac{D}{2} \times \frac{2}{3} \times 2 = \frac{2D}{3}$$ となるから，

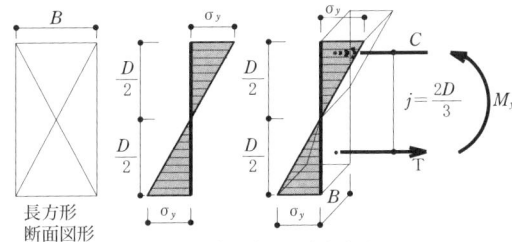

長方形断面図形

(a) 垂直応力度分布　(b) 降伏モーメント

・$T = C = B \times \dfrac{D}{2} \times \dfrac{1}{2} \times \sigma_y = \dfrac{BD \cdot \sigma_y}{4}$

・$M_y = T \cdot j = C \cdot j = \dfrac{BD \cdot \sigma_y}{4} \times \dfrac{2D}{3}$
$= \dfrac{BD^2 \cdot \sigma_y}{6}$

図10・5　降伏モーメントの計算

第10章　全塑性モーメント

降伏モーメントは，

$$M_y = T \cdot j = C \cdot j = \frac{BD \cdot \sigma_y}{4} \times \frac{2D}{3} = \frac{BD^2 \cdot \sigma_y}{6}$$ となる．

では，実際の出題例で解き方を学んでみよう．

出題例 57 図−1のような矩形断面材に作用する荷重Pを増大させ，材の脚部a−a断面の最外端における応力度が降伏応力度に達するときの荷重をP_y，さらに荷重を増大させ，a−a断面に作用する曲げモーメントが全塑性モーメントに達するときの荷重をP_uとするとき，P_yとP_uの組合せとして，正しいものは，次のうちどれか．ただし，a−a断面における応力度分布は，図−2のとおりとする．

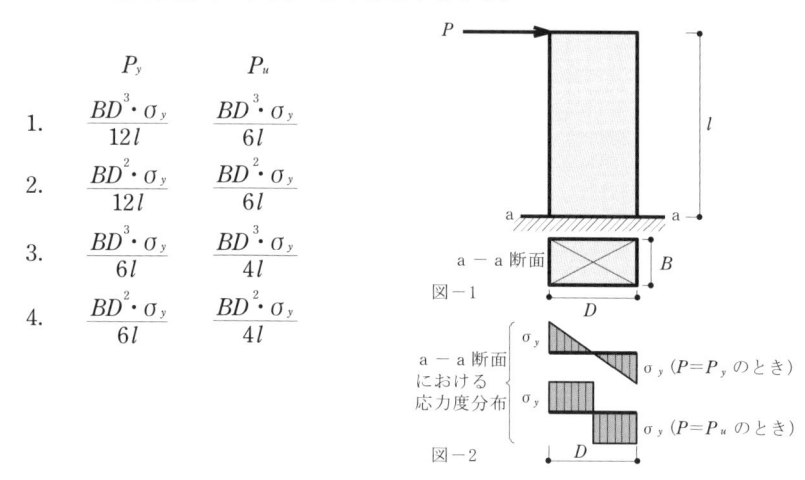

	P_y	P_u
1.	$\dfrac{BD^3 \cdot \sigma_y}{12l}$	$\dfrac{BD^3 \cdot \sigma_y}{6l}$
2.	$\dfrac{BD^2 \cdot \sigma_y}{12l}$	$\dfrac{BD^2 \cdot \sigma_y}{6l}$
3.	$\dfrac{BD^3 \cdot \sigma_y}{6l}$	$\dfrac{BD^3 \cdot \sigma_y}{4l}$
4.	$\dfrac{BD^2 \cdot \sigma_y}{6l}$	$\dfrac{BD^2 \cdot \sigma_y}{4l}$

[解答例]

・縁応力度が降伏応力度に達するとき（図10・6(a)参照）．

垂直応力度の合力 $T = C = B \times \dfrac{D}{2} \times \sigma_y \times \dfrac{1}{2} = \dfrac{BD \cdot \sigma_y}{4}$

応力中心間距離 $j = \dfrac{2D}{3}$

このときの降伏モーメント$M_y = P_y \times l$と合力TとCによる偶力のモーメントが等しいから，

$$M_y = P_y \times l = T \times j = \frac{BD \cdot \sigma_y}{4} \times \frac{2D}{3}$$ となる．

したがって，$P_y = \dfrac{BD^2 \cdot \sigma_y}{6l}$．

・縁応力度が降伏応力度に達するとき　　　・全断面が降伏応力度に達するとき

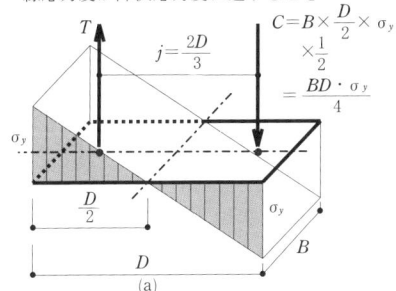

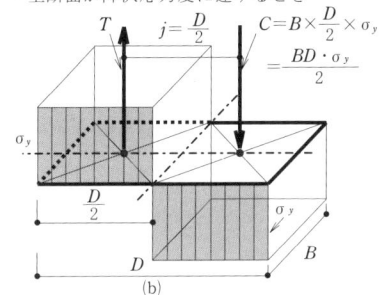

図 10・6　応力度分布

・全断面が降伏応力度に達するとき（図 10・6 (b) 参照）．

　　垂直応力度の合力 $T=C=B\times\dfrac{D}{2}\times\sigma_y=\dfrac{BD\cdot\sigma_y}{2}$

　　応力中心間距離 $j=\dfrac{D}{2}$

　このときの全塑性モーメント $M_P=P_u\times l$ と合力 T と C による偶力のモーメントが等しいから，

$$M_P=P_u\times l=T\times j=\dfrac{BD\cdot\sigma_y}{2}\times\dfrac{D}{2}\ となる．$$

したがって，$P_u=\dfrac{BD^2\cdot\sigma_y}{4l}$

よって，4. が正解．

❷ 全塑性モーメントと軸方向力が作用する場合

　全塑性モーメント M_P と軸方向力 N が作用する場合は，垂直応力度分布を**曲げモーメントによる応力ブロック**と**軸方向力による応力ブロック**に分けて計算する（図 10・7 参照）．

　曲げモーメントによる断面の応力ブロックには，**引張の応力ブロック**と**圧縮の応力ブロック**とがあり，その大きさは等しい．したがって，引張の応力ブロックが問題から読み取れれば，その大きさと等しいブロックを圧縮の応力ブロックとして考える．

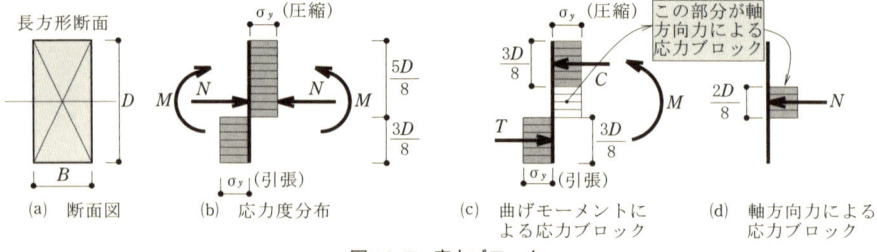

図10・7 応力ブロック

このとき，引張の垂直応力度の合力 T と圧縮の垂直応力度の合力 C は，偶力となり，この偶力のモーメントが全塑性モーメント M_p となる．

また，圧縮の応力ブロックにおいて，残った部分が軸圧縮力の応力ブロックとなる．

では，実際の出題例で解き方を学んでみよう．

出題例 58 図－1のような等質で一辺の長さ D の正方形断面において，垂直応力度ブロックが図－2に示す全塑性状態にある場合，断面の図心に作用する軸圧縮力 N と曲げモーメント M との組合せとして，正しいものは，次のうちどれか．ただし，降伏応力度を σ_y とする．

	N	M
1.	$\dfrac{1}{2}D^2 \cdot \sigma_y$	$\dfrac{1}{4}D^3 \cdot \sigma_y$
2.	$\dfrac{1}{2}D^2 \cdot \sigma_y$	$\dfrac{3}{16}D^3 \cdot \sigma_y$
3.	$\dfrac{3}{4}D^2 \cdot \sigma_y$	$\dfrac{1}{4}D^3 \cdot \sigma_y$
4.	$\dfrac{3}{4}D^2 \cdot \sigma_y$	$\dfrac{3}{32}D^3 \cdot \sigma_y$

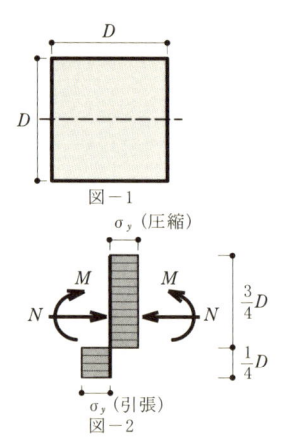

[解答例]

(a) 垂直応力度分布　(b) 軸方向力による応力ブロック　(c) 曲げモーメントによる応力ブロック

図 10・8　応力ブロック

まず，図 10・8(a) の垂直応力度分布を応力ブロックに分ける．

図(c)のように，引張側の応力ブロックが断面の $D/4$ の長さであるから，圧縮側の応力ブロックも断面の $D/4$ の長さとなる．

図(b)のように，残りの断面の長さ $D/2$ が軸圧縮力の応力ブロックになる．

軸圧縮力 $N = \dfrac{D}{2} \times D \times \sigma_y = \dfrac{D^2 \cdot \sigma_y}{2}$

垂直応力度の合力 $T = C = \dfrac{D}{4} \times D \times \sigma_y = \dfrac{D^2 \cdot \sigma_y}{4}$

応力中心間距離 $j = \dfrac{3}{4}D$

曲げモーメント $M = T \cdot j = C \cdot j = \dfrac{D^2 \cdot \sigma_y}{4} \times \dfrac{3}{4}D = \dfrac{3D^3 \cdot \sigma_y}{16}$

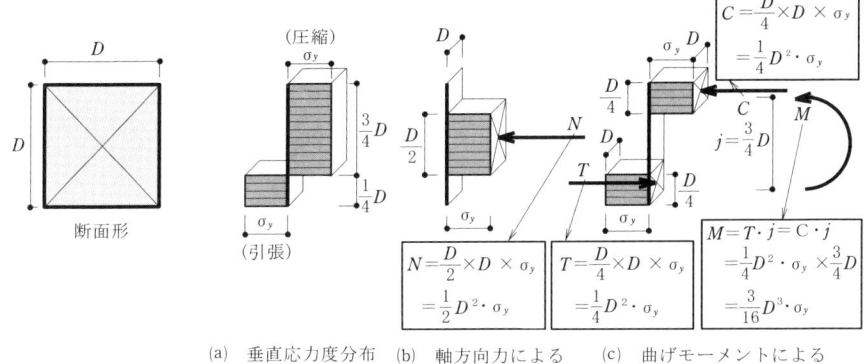

よって，2. が正解．

[出題例 59]　図のような底部で固定された矩形断面材の頂部の図心 O 点に鉛直荷重 $P = 2B^2 \cdot \sigma_y$（σ_y：降伏応力度）および水平荷重 Q が作用している．Q が増大し，底部 a－a 断面における垂直応力度分布が図－2 のような全塑性状態に達する場合の Q の値として，正しいものは，次のうちどれか．ただし，矩形断面材は等質等断面で，自重はないものとする．

1. $2B^3 \cdot \sigma_y / l$
2. $3B^3 \cdot \sigma_y / l$
3. $4B^3 \cdot \sigma_y / l$
4. $5B^3 \cdot \sigma_y / l$

図−1

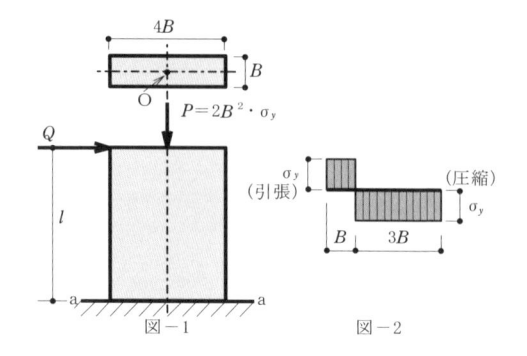

図−2

[解答例]

まず,垂直応力度分布を応力ブロックに分ける.

垂直応力度の合力 $T = C = B \times B \times \sigma_y = B^2 \cdot \sigma_y$

応力中心間距離　$j = 3B$

偶力のモーメント $M = T \cdot j = C \cdot j$
$= B^2 \cdot \sigma_y \times 3B = 3B^3 \cdot \sigma_y$

水平力によるモーメント $M = Q \cdot l = 3B^3 \cdot \sigma_y$

$\therefore Q = \dfrac{3B^3 \cdot \sigma_y}{l}$

よって,2.が正解.

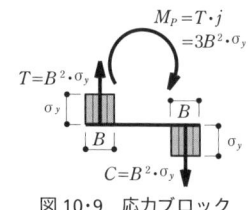

図 10·9　応力ブロック

❸ 鉄筋コンクリート造のはりの場合

　鉄筋コンクリート造のはりが終局曲げモーメント M_u に達する場合は,一般的に,引張鉄筋で決まることが多い.

　しかし,鉄筋コンクリート造のはりでは,終局曲げモーメントの値は鉄筋の配筋状況などによって異なるため,種々の要素を考慮した算定を行う必要がある.

　規準では,これらを考慮して,次式で算定するようにしている.

> ☞ **必ず覚える！ 公式 57**
>
> 終局曲げモーメント $M_u = 0.9 a_t \cdot \sigma_y \cdot d\,(\mathrm{N \cdot mm})$ 　　　　　　　　(10·5)
> 　　　　　　　a_t：引張鉄筋断面積 (mm^2)
> 　　　　　　　σ_y：引張鉄筋の材料強度 $(\mathrm{N/mm}^2)$
> 　　　　　　　d　：はりの有効せい (mm)
> 　　　　　　　　　　中立軸が不明の場合は,はりの有効せいの約 90％としてもよい.

では,実際の出題例で解き方を学んでみよう.

出題例60 図−1のような断面の鉄筋コンクリート造のはりにおける曲げ終局強度時の応力度分布を図−2のように仮定したとき，そのはりの終局曲げモーメントの値として，正しいものは，次のうちどれか．

ただし，圧縮縁から中立軸までの距離は50mmで，コンクリートの圧縮強度F_cを24N/mm^2，鉄筋の降伏応力度σ_yを300N/mm^2，引張鉄筋の全断面積a_tを1600mm^{2}とし，圧縮側のコンクリートに生ずる応力度は，F_cに等しい一様分布とする．

1. 228kN・m
2. 240kN・m
3. 252kN・m
4. 264kN・m

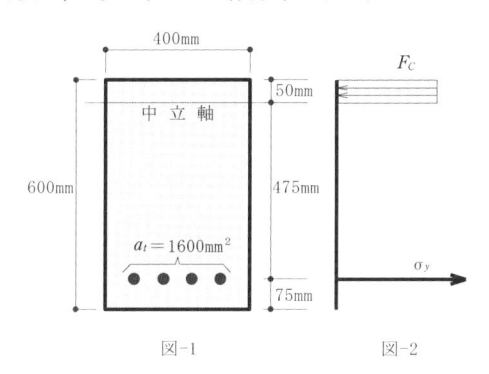

図-1

図-2

[解答例]

終局曲げモーメントは，「**必ず覚える！公式57**」から求める．

図10・10のように引張応力Tおよび圧縮応力Cを考える．

鉄筋に生ずる引張応力T

$T = \sigma_y \times a_t = 300 \times 1600 = 480000$N

コンクリートに生ずる圧縮応力C

$C = 24 \times 400 \times 50 = 480000$N

応力中心間距離はj

$j = 475 + 25 = 500$mm

したがって，このときの終局曲げモーメントM_uは，

$M_u = T \cdot j = C \cdot j = 480000 \times 500$
$= 240000000$N・mm $= 240$kN・m

よって，2.が正解．

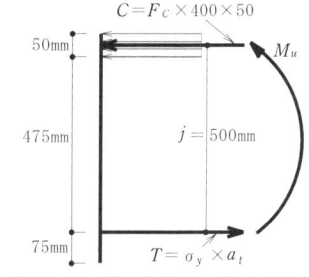

図10・10 終局曲げモーメントM_u

出題例61 図−1のような水平力Pを受ける鉄筋コンクリートラーメン架構において，全長にわたり図−2のような断面のはりの場合，はりの引張鉄筋の降伏が圧縮コンクリートの破壊より先行して生じた．このときのA点における終局曲げモーメントM_uの値に最も近いものは，次のうちどれか．ただし，条件はイ〜ニのとおりとする．

条件　イ．鉄筋の材料強度σ_y　　　　　：350N/mm^2
　　　ロ．コンクリートの圧縮強度F_c　　：24N/mm^2

第10章　全塑性モーメント　145

ハ．主筋（D25）1本当たりの断面積　：500mm²
ニ．はりの自重は無視するものとする．

1. 200kN・m
2. 300kN・m
3. 400kN・m
4. 500kN・m

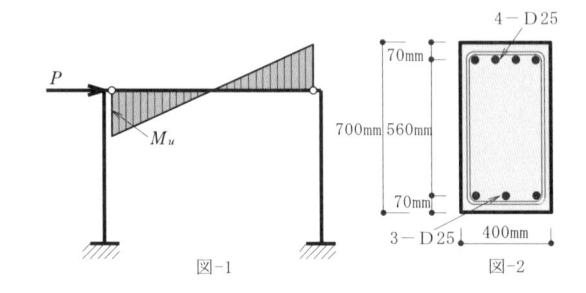

図-1

図-2

[解答例]

終局曲げモーメントは，「必ず覚える！公式57」から求める．

下側引張鉄筋断面積

$a_t = 500 \times 3 = 1500\text{mm}^2$

鉄筋の材料強度 $\sigma_y = 350\text{N/mm}^2$

はりの有効せい $d = 700 - 70 = 630\text{mm}$

このときの終局曲げモーメント M_u は，
$M_u = 0.9 \times a_t \times \sigma_y \times d$ より計算する．

$M_u = 0.9 \times a_t \times \sigma_y \times d = 0.9 \times 1500 \times 350 \times 630 = 297675000\text{N・mm}$
$= 297.675\text{kN・m}$
$\fallingdotseq 300\text{kN・m}$

よって，2.が正解．

第11章　崩壊機構・崩壊荷重

本章で取り上げる崩壊機構・崩壊荷重の出題頻度は，10年間で6～7問と相当高い確率で出題されている．

本章では，まず，過去問の中から，崩壊機構の問題と崩壊荷重の問題の典型的なパターンを解説した．

1 崩壊機構（崩壊メカニズム）

建築物の構造計算を行う場合，建築物に作用する固定荷重や積載荷重などの長期荷重による応力と地震力や風圧力などの臨時荷重による応力が生じ，それらの応力を組合わせることによって短期応力を計算している（図11・1参照）．

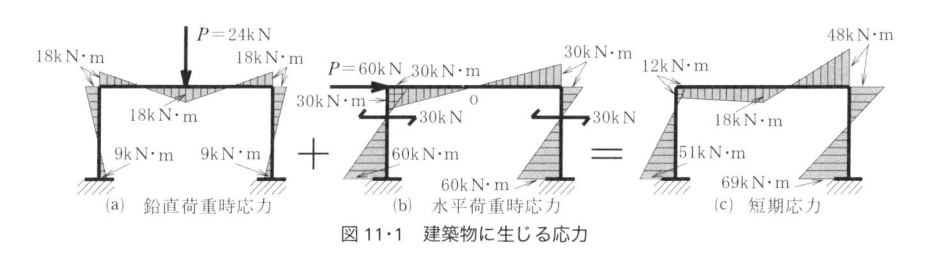

図11・1　建築物に生じる応力

長期応力はほぼ一定であるが，短期応力は臨時応力が大きくなるにつれて大きくなる．したがって，建築物の崩壊は，地震力などの水平力が増大することによって生じる．

いま，鉛直荷重を一定にして，水平荷重を増大させた場合を例に，塑性ヒンジの発生順序を考えてみる．図11・2から分かるように，塑性ヒンジが発生する順序は，曲げモーメントが大きい順である．したがって，次のような順序になる．

☞ 必ず覚える！　公式58

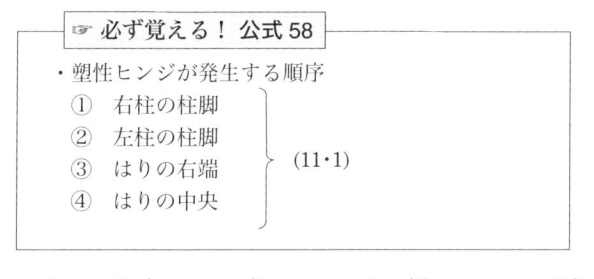

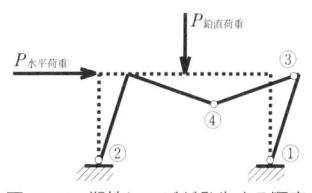

・塑性ヒンジが発生する順序
①　右柱の柱脚
②　左柱の柱脚　　　(11・1)
③　はりの右端
④　はりの中央

図11・2　塑性ヒンジが発生する順序

次に，地震力のみが作用している1層1スパンの骨組をモデルに，数値を用いて崩壊機構を考えてみよう．

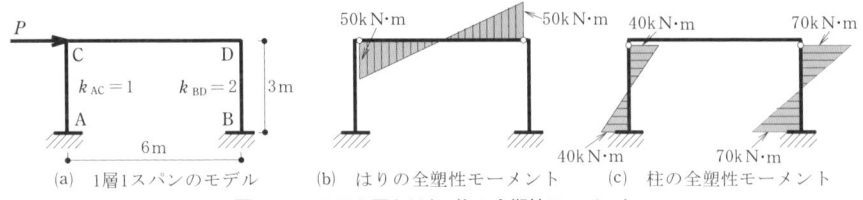

図 11・3 モデル図とはり・柱の全塑性モーメント

(a) 1層1スパンのモデル
(b) はりの全塑性モーメント
(c) 柱の全塑性モーメント

　まず，モデルを図11・3(a)の1層1スパンのように考える．このときのはりの全塑性モーメント（降伏モーメント）を図(b)，柱の全塑性モーメントを図(c)で与えられているものとする．

　図11・4(a)のように，水平荷重（地震力）$P_1 = 30$kN が作用して曲げモーメント図が描けた．このときは，まだ弾性範囲内で，どの点にも降伏ヒンジが発生していない．

　水平荷重 P を徐々に増大させ，その値が $P_2 = 52.5$kN に達したとき，図(b)のような曲げモーメント図が描け，B点が柱の全塑性モーメント 70kN・m に達するので，B点に**最初の塑性ヒンジ**が発生する．塑性ヒンジが発生したB点では，これ以後，水平荷重が増大しても，曲げモーメントは**全塑性モーメント**を維持して回転のみが進行する．

　さらに水平荷重を増大させ，$P_3 = 56.7$kN に達したとき，図(c)のような曲げモーメント図が描け，A点に2番目の塑性ヒンジが発生する．

　さらに水平荷重を増大させ，$P_4 = 61.7$kN に達したとき，図(d)のような曲げモーメント図が描け，D点がはりの全塑性モーメント 50kN・m に達するので，D点のはり側に3番目の塑性ヒンジが発生する．そして，$P_5 = 66.7$kN に達したとき，図(e)のような曲げモーメント図が描け，C点の柱側に4番目の塑性ヒンジが発生し，このモデルの単一ラーメ

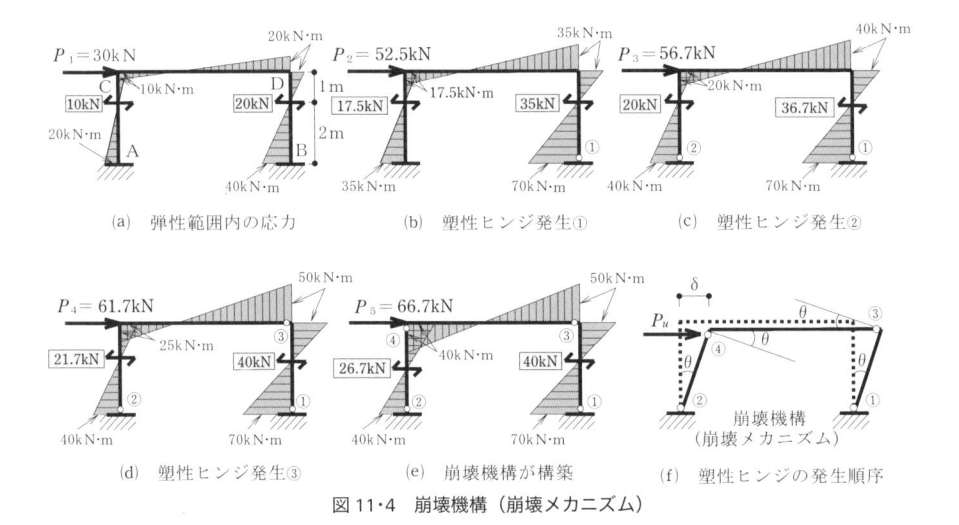

(a) 弾性範囲内の応力
(b) 塑性ヒンジ発生①
(c) 塑性ヒンジ発生②
(d) 塑性ヒンジ発生③
(e) 崩壊機構が構築
(f) 塑性ヒンジの発生順序

図 11・4 崩壊機構（崩壊メカニズム）

ンは不安定な状態になる．このような状態になった構造を**崩壊機構（崩壊メカニズム）**という．

崩壊メカニズムが構築されたときの水平せん断力の総和（通常は，柱・壁・筋かいを含む）$P = 66.7\text{kN}$（ここでは $26.7\text{kN} + 40\text{kN}$）を**保有水平耐力**という．

なお，図(d)において，はりに塑性ヒンジが発生するのは，柱 BD の全塑性モーメント $M_P = 70\text{kN·m}$ より，はり CD の全塑性モーメント $M_P = 50\text{kN·m}$ のほうが小さいからであり，図(e)において，柱に塑性ヒンジが発生するのは，はり CD の全塑性モーメント $M_P = 50\text{kN·m}$ より，柱 AC の全塑性モーメント $M_P = 40\text{kN·m}$ のほうが小さいからである．すなわち，塑性ヒンジは，全塑性モーメントが小さい方に発生する．通常は，**はり側に塑性ヒンジが形成される**のがよい．実際の設計においては，柱の崩壊を防ぐため，**はりの全塑性モーメントを柱より小さくしている．**

塑性ヒンジの発生位置は，図 11・5 のように描き，**はり側のヒンジなのか柱側のヒンジなのかを区別している．**

また，柱の反曲点の位置は，当初，柱脚から 2/3 の高さに仮定したが，水平荷重が増大するに従って，徐々に柱の中央側に移動してくる．図(e)では，柱 AC の反曲点は柱の中央になっている．

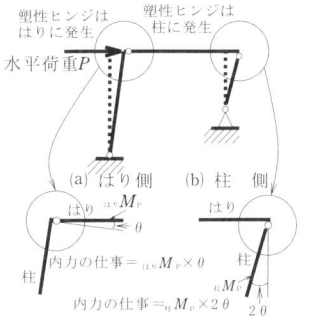

図 11・5 塑性ヒンジの発生場所

図(e)のような状態になると，ラーメンは荷重に耐えられなくなって崩壊する．骨組が崩壊した時の荷重を**崩壊荷重 P_u** という．図(f)のような崩壊機構は，塑性ヒンジとなった各節点を剛な棒状材で結んだものである．このときの変形は，荷重点・ヒンジ点において δ および θ で表される．

また，図(e)のときの崩壊荷重 P_u は，柱のせん断力の和として求められる．

> **☞ 必ず覚える！公式 59**
>
> $$P_u = \frac{(\text{A点の}M + \text{C点の}M)}{h} + \frac{(\text{B点の}M + \text{D点の}M)}{h} \tag{11·2}$$

では，実際の出題例で解き方を学んでみよう．

出題例 62 図のような荷重を受けるラーメン A, B において，水平力 H を増大させた場合の塑性ヒンジ（図中の・印）の発生状況を示す崩壊機構の組合せとして，正しいものは，次のうちどれか．ただし，柱，はりの全塑性モーメントの値はそれぞれ 200kN·m，100kN·m とし，部材の作用する軸力やせん断力による部材の曲げ耐力の低下は無視するものとする．

	A	B
1.		
2.		
3.		
4.		

[解答例]

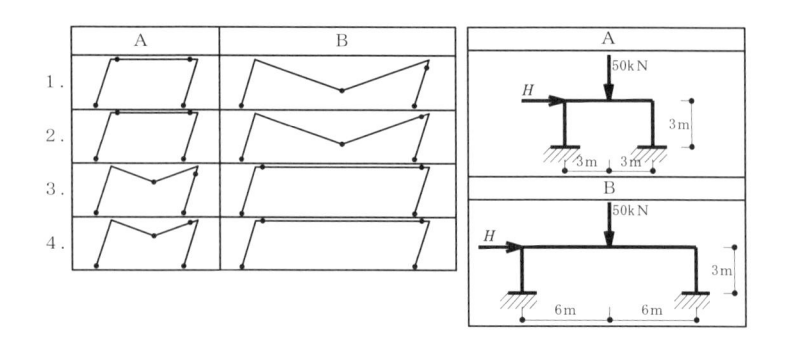

塑性ヒンジは全塑性モーメントが小さい方に先に生じる.

はりの全塑性モーメントは100kN·m，柱の全塑性モーメントは200kN·mであるから，はりの方に先に塑性ヒンジが発生する.

したがって，柱頭に塑性ヒンジが生じている選択肢の1.，3. は誤り.

選択肢2. と4. を比較すると，選択肢4. ではスパンの短いはりAの中央に塑性ヒンジが発生し，選択肢2. ではスパンの長いはりBの中央に塑性ヒンジが発生している. 通常の条件では，はりの曲げモーメントはスパンが長い方が大きな値となるので，塑性ヒンジはスパンの長い方に生じる.

よって，選択肢2. が正解.

2 崩壊荷重

崩壊荷重 P_u は，仮想仕事式を活用して求める（図11·6, 7参照）.

☞ 必ず覚える！ 公式60

・外力による仕事は，外力 P（崩壊荷重 P_u）とその変位量 δ との積の総和として，次式で求める.
  外力による仕事 = $\Sigma P \cdot \delta$　　　(11·3)

☞ 必ず覚える！ 公式61

・内力による仕事は，塑性ヒンジの点における部材の全塑性モーメント M_P とその回転角 θ との積の総和として，次式で求める.
  内力による仕事 = $\Sigma K \cdot \Delta$
  　　　　　　　　($= \Sigma M_P \cdot \theta$)　　(11·4)

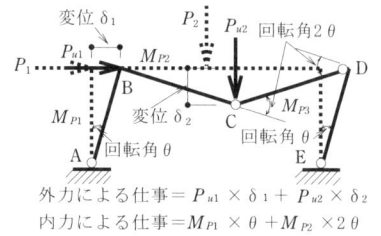

外力による仕事 = $P_{u1} \times \delta_1 + P_{u2} \times \delta_2$
内力による仕事 = $M_{P1} \times \theta + M_{P2} \times 2\theta + M_{P2} \times 2\theta + M_{P3} \times \theta$

図11·6　崩壊荷重

このとき，崩壊荷重P_uは，仮想仕事の原理より，**外力のなす仕事と内力のなす仕事が等しい**ことを利用して，次式から求める．

☞ **必ず覚える！ 公式62**

・外力の仕事$\Sigma P \cdot \delta = $内力の仕事$\Sigma K \cdot \Delta$
$$(= \Sigma M_P \cdot \theta) \quad (11\cdot 5)$$

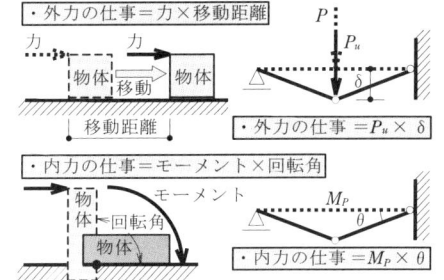

図11・7 仕事の考え方

❖ **ちょっとMEMO**
・外力による仕事は，荷重の数だけ項数がある．また，内力による仕事は塑性ヒンジが発生した数だけ項数が生じ，ピン節点には，内力による仕事は生じない．
・塑性ヒンジと崩壊機構

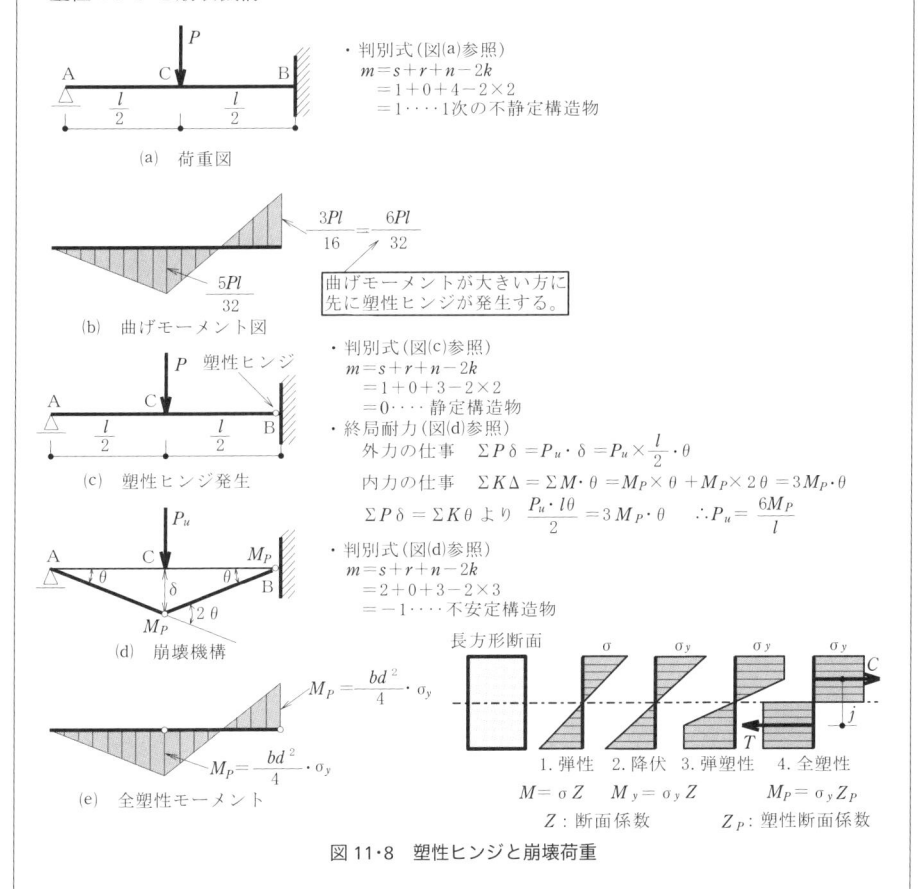

(a) 荷重図

・判別式（図(a)参照）
 $m = s + r + n - 2k$
 $= 1 + 0 + 4 - 2 \times 2$
 $= 1 \cdots$ 1次の不静定構造物

(b) 曲げモーメント図

$\dfrac{3Pl}{16} = \dfrac{6Pl}{32}$

$\dfrac{5Pl}{32}$

曲げモーメントが大きい方に先に塑性ヒンジが発生する．

(c) 塑性ヒンジ発生

・判別式（図(c)参照）
 $m = s + r + n - 2k$
 $= 1 + 0 + 3 - 2 \times 2$
 $= 0 \cdots$ 静定構造物

・終局耐力（図(d)参照）
 外力の仕事 $\Sigma P\delta = P_u \cdot \delta = P_u \times \dfrac{l}{2} \cdot \theta$
 内力の仕事 $\Sigma K\Delta = \Sigma M \cdot \theta = M_P \times \theta + M_P \times 2\theta = 3M_P \cdot \theta$
 $\Sigma P\delta = \Sigma K\theta$ より $\dfrac{P_u \cdot l\theta}{2} = 3M_P \cdot \theta \quad \therefore P_u = \dfrac{6M_P}{l}$

(d) 崩壊機構

・判別式（図(d)参照）
 $m = s + r + n - 2k$
 $= 2 + 0 + 3 - 2 \times 3$
 $= -1 \cdots$ 不安定構造物

(e) 全塑性モーメント

$M_P = \dfrac{bd^2}{4} \cdot \sigma_y$

長方形断面
1. 弾性　2. 降伏　3. 弾塑性　4. 全塑性
$M = \sigma Z \quad M_y = \sigma_y Z \quad M_P = \sigma_y Z_P$
Z：断面係数　Z_P：塑性断面係数

図11・8 塑性ヒンジと崩壊荷重

第11章　崩壊機構・崩壊荷重

では，実際の出題例で解き方を学んでみよう．

出題例 63 図－1のような水平荷重を受けるラーメンにおいて，水平荷重Pを増大させたとき，そのラーメンは，図－2のような崩壊機構を示した．ラーメンの崩壊荷重P_uの値として，正しいものは，次のうちどれか．ただし，柱，はりの全塑性モーメントM_Pの値をそれぞれ400kN・m，200kN・mとし，部材に作用する軸力およびせん断力による部材の曲げ耐力の低下は無視する．

1. 150kN
2. 200kN
3. 250kN
4. 300kN

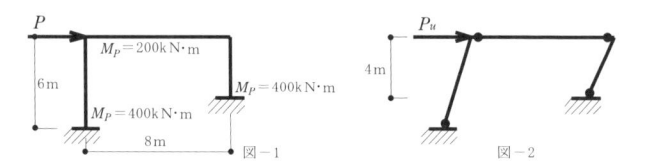

[解答例]

図－2の崩壊機構（崩壊メカニズム）より，

外力による仕事（崩壊荷重P_uとその変位量δとの積）より，

$\Sigma P \cdot \delta = P_u \times 6\theta = 6P_u \cdot \theta$

内力による仕事（部材の全塑性モーメントM_Pとその回転角θとの積）より，

$\Sigma K \cdot \Delta = \Sigma M_P \cdot \theta = 400\theta + 200\theta + 200 \times 1.5\theta + 400 \times 1.5\theta = 1500\theta$

外力による仕事$\Sigma P \cdot \delta =$内力による仕事$\Sigma K \cdot \Delta$より，

$6P_u \cdot \theta = 1500\theta$

$\therefore P_u = \dfrac{1500}{6} = 250\text{kN}$

よって，3.が正解．

短い方の柱の回転角θ'の求め方

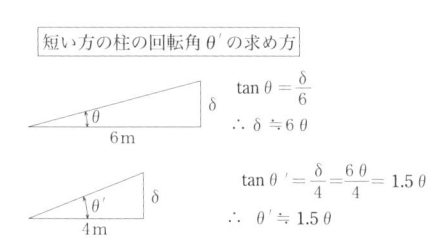

$\tan\theta = \dfrac{\delta}{6}$

$\therefore \delta \fallingdotseq 6\theta$

$\tan\theta' = \dfrac{\delta}{4} = \dfrac{6\theta}{4} = 1.5\theta$

$\therefore \theta' \fallingdotseq 1.5\theta$

[別解]

問題に，柱，はりの全塑性モーメントの値が与えられているので，図11・9のような曲げモーメント図が描ける．

「必ず覚える！公式25」より，

$Q_1 = \dfrac{400+200}{6} = 100\text{kN}$

$Q_2 = \dfrac{400+200}{4} = 150\text{kN}$

$\therefore P_u = Q_1 + Q_2 = 100 + 150 = 250\text{kN}$

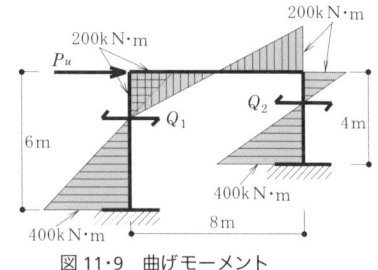

図11・9 曲げモーメント

出題例 64 図−1のような鉛直荷重200kN, 水平荷重Pを受けるラーメンにおいて, 水平荷重Pを増大させたとき, そのラーメンは, 図−2のような崩壊機構を示した. ラーメンの崩壊荷重P_uの値として, 正しいものは, 次のうちどれか. ただし, 柱, はりの全塑性モーメントM_Pの値をそれぞれ600kN・m, 400kN・mとし, 部材に作用する軸力およびせん断力による部材の曲げ耐力の低下は無視する.

1. 700kN
2. 600kN
3. 500kN
4. 400kN

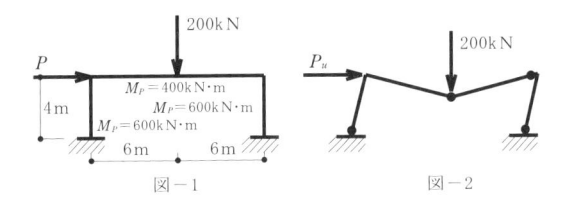

図−1　図−2

[解答例]

図−2の崩壊機構（崩壊メカニズム）より,

外力による仕事（崩壊荷重P_uとその変位量δとの積）より,

$$\Sigma P \cdot \delta = P_u \times l \cdot \theta + 200 \times l \cdot \theta = P_u \times 4\theta + 200 \times 6\theta = 4(P_u + 300)\theta$$

内力による仕事（部材の全塑性モーメントM_Pとその回転角θとの積）より,

$$\Sigma K \cdot \Delta = \Sigma M_P \cdot \theta = 600\theta + 400 \times 2\theta + 400 \times 2\theta + 600 \times \theta = 2800\theta$$

（柱の回転角をθとすれば, はり中央の回転角は2θとなる.）

外力による仕事$\Sigma P \cdot \delta =$内力による仕事$\Sigma K \cdot \Delta$より,

$$4(P_u + 300)\theta = 2800\theta$$

$$\therefore P_u = \frac{2800 - 1200}{4} = 400\text{kN}$$

よって, 4.が正解.

出題例 65 図−1のようなラーメンに作用する荷重Pを増大させたとき, そのラーメンは, 図−2のような崩壊メカニズムを示した. ラーメンの崩壊荷重P_uの値として, 正しいものは, 次のうちどれか. ただし, AB材, BC材, AD材, BE材, CF材の全塑性モーメントの値をそれぞれM_P, $2M_P$, $3M_P$, $4M_P$, $5M_P$とする.

1. $3M_P/l$
2. $6M_P/l$
3. $12M_P/l$
4. $18M_P/l$

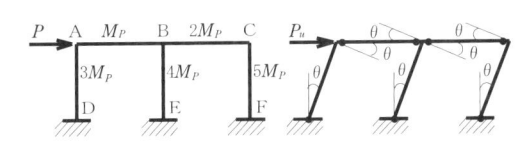

[解答例]

外力による仕事　$\Sigma P \cdot \delta = P_u \cdot l\theta$

内力の仕事は，塑性ヒンジが発生する部材に生じるから，柱D点，はりA点，はりB点の左側，はりB点の右側，柱E点，はりC点，柱F点に生じることになる．よって，

内力による仕事　$\Sigma K \cdot \Delta = 3M_P\theta + M_P\theta + M_P\theta + 2M_P\theta + 4M_P\theta + 2M_P\theta + 5M_P\theta$
$= 18M_P\theta$

外力による仕事　$\Sigma P \cdot \delta =$ 内力による仕事$\Sigma K \cdot \Delta$ より，

$P_u \cdot l\theta = 18M_P\theta$

$\therefore P_u = \dfrac{18M_P}{l}$

よって，4.が正解．

[出題例 66]　図—1のような荷重を受けるはりにおいて，荷重Pを増大させたとき，そのはりは，図—2のような崩壊メカニズムを示した．はりの崩壊荷重P_uとして，正しいものは，次のうちどれか．ただし，はりの全塑性モーメントをM_Pとする．

1. M_P/l
2. $4M_P/3l$
3. $2M_P/l$
4. $8M_P/3l$

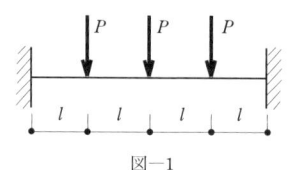

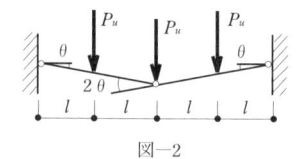

図—1

図—2

[解答例]

外力による仕事　$\Sigma P \cdot \delta = P_u \cdot l\theta + P_u \cdot 2l\theta + P_u \cdot l\theta = 4P_u \cdot l\theta$

内力の仕事は，塑性ヒンジが発生する点に生じるから，

内力による仕事　$\Sigma K \cdot \Delta = \Sigma M \cdot \theta = M_P \cdot \theta + M_P \cdot 2\theta + M_P \cdot \theta = 4M_P \cdot \theta$

外力による仕事　$\Sigma P \cdot \delta =$ 内力による仕事$\Sigma K \cdot \Delta$ より，

$4P_u \cdot l\theta = 4M_P\theta$

$\therefore P_u = \dfrac{M_P}{l}$

よって，1.が正解．

第12章　座　屈

　本章で取り上げる座屈の出題頻度は，10年間で6〜7問と相当高い確率で出題されている．
　本章では，まず，座屈長さを覚え，弾性座屈荷重の求め方の**公式を覚える**．
　次いで，過去問の中から，座屈荷重の大小関係の問題を解説するので，**解法のコツ**をつかんでほしい．

1 座屈と座屈軸

　図12·1のように，断面に比べて長さが大きい棒状材が圧縮力を受けると，材は縮むだけでなく，材軸に直角方向に急に曲がりだしてしまう．この現象を**座屈**という．座屈は，断面二次モーメントまたは断面二次半径が最も小さい主軸，すなわち**弱軸**回りに生じ，この軸を**座屈軸**という．座屈軸に直角方向を**座屈方向**という．また，**細長比が大きい軸**が座屈軸となる．

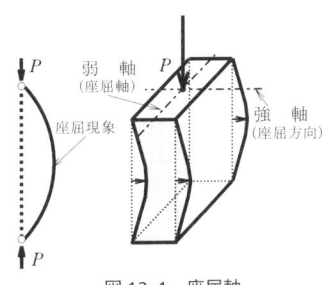

図12·1　座屈軸

2 弾性座屈荷重

　弾性座屈荷重 P_k とは，部材の中心に圧縮力を受けて，弾性域で座屈し始める荷重をいい，「**必ず覚える！公式63**」で求める．このときの弾性座屈荷重 P_k は，$P_k = \dfrac{\pi^2 EI}{l_k^2}$ の公式を用いて求める限り，材料の強さや部材の断面積に関係なく求めることができる．

必ず覚える！公式63

$$P_k = \frac{\pi^2 EI}{l_k^2} \tag{12·1}$$

E：ヤング係数
I：座屈軸回りの断面二次モーメント．長方形断面で，途中に横移動を拘束する座屈止めがない場合は，弱軸回りの断面二次モーメントとして計算してもよい．
　　このときの計算は，$I = \dfrac{長辺 \times (短辺)^3}{12}$ とすることができる．
l_k：座屈長さは図12·2による．

第12章　座　屈　155

この公式は，通常，**オイラーの式**といわれている．公式から分かるように，弾性座屈荷重 P_k は，ヤング係数 E と断面二次モーメント I に比例し，座屈長さ l_k の 2 乗に反比例する．

座屈長さ l_k は，次式から求める．

☞ **必ず覚える！公式64**

$$l_k = c \cdot l \tag{12・2}$$

　　c：座屈長さの係数（両材端の支持状態によって異なる．図 12・2 参照）
　　l：材長

座屈長さは，両材端の支持状態の違いによって図 12・2 のような異なる値をとる．

たとえば，経験的に，両方の手のひらを「パー」に開いて，下敷に圧縮の力を加えれば簡単に座屈してしまうが，手のひらを「グー」に握って，その中に下敷を挟み込んで圧縮すれば大きな力が必要になることを知っている．

このようなことから，部材の両端の支持条件（ピンとか固定など）によって座屈しやすいか，しにくいかがわかるであろう．

図 12・2 からもわかるように，両端がピンの場合より両端が固定の場合のほうが座屈しにくくなる．すなわち，**座屈長さ l_k が小さくなるほど，座屈荷重 P_k は大きくなる**．

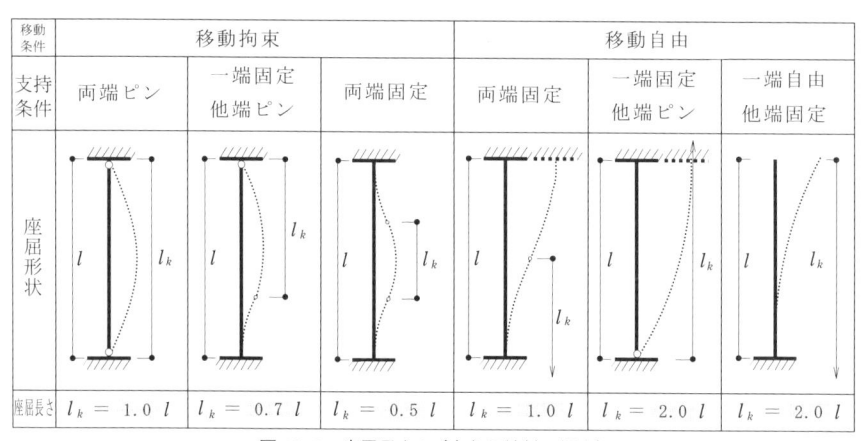

移動条件	移動拘束			移動自由		
支持条件	両端ピン	一端固定 他端ピン	両端固定	両端固定	一端固定 他端ピン	一端自由 他端固定
座屈形状	l , l_k	l , l_k	l , l_k	l , l_k	l , l_k	l , l_k
座屈長さ	$l_k = 1.0\, l$	$l_k = 0.7\, l$	$l_k = 0.5\, l$	$l_k = 1.0\, l$	$l_k = 2.0\, l$	$l_k = 2.0\, l$

図 12・2　座屈長さ l_k（中心圧縮材の場合）

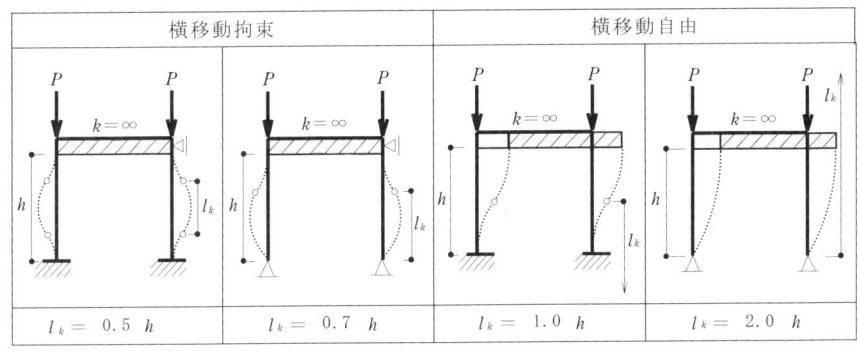

図 12・3　座屈長さ l_k（ラーメン部材の場合）

図12・2から分かるように，座屈長さは，材端の固定度によってその長さが異なる．したがって，固定度の大きさによって，次のようなことがいえる．

> **☞ 必ず覚える！ 約束事**
>
> ・固定度が大きいと，座屈長さは小さくなる．
> ・座屈長さが小さいと，座屈しにくくなり，座屈荷重は大きくなる．
> 　したがって，**固定度が大きくなると**，座屈に強くなって，**座屈荷重は大きくなる**．

座屈に関する問題は，計算問題および文章題が出題されている．文章題については，次に掲げる選択肢が多く出題されている．
これを暗記することによって，出題傾向をつかんでください．

> **☞ 必ず覚える！ 選択肢**
>
> ① P_e は，ヤング係数 E に比例する．
> ② P_e は，断面の弱軸に関する断面二次モーメント I に比例する．
> ③ P_e は，柱の長さの2乗に反比例する．
> ④ P_e は，断面積に比例しない（断面積には関係しない）．
> ⑤ P_e は，材端条件が，「両端ピン」の場合より，「一端ピン他端固定」の場合のほうが大きい．
> ⑥ P_e は，材端条件が，「一端ピン他端固定」の場合より，「両端固定」の場合のほうが大きい．
> ⑦ P_e は，材端条件が，「一端自由他端固定」の場合より，「一端ピン他端固定」の場合のほうが大きい．
> ⑧ P_e は，材端条件が，「両端ピン」の場合より，「両端固定（水平移動拘束）」の場合のほうが大きい．
> ⑨ P_e は，材端条件が，「一端自由他端固定」の場合より，「両端ピン」の場合のほうが大きい．

では，実際の出題例を解いてみよう．

第12章　座　屈　157

出題例 67 図のような材端条件をもつ柱A～Eが，中央圧縮力を受けたときの座屈長さの理論値として，最も不適当なものは，次のうちどれか．ただし，すべての柱は全長にわたって等質等断面とし，長さは等しいものとする．

　　柱　　座屈長さ
1.　A　　　l
2.　B　　　$0.7l$
3.　C　　　$0.5l$
4.　D　　　l

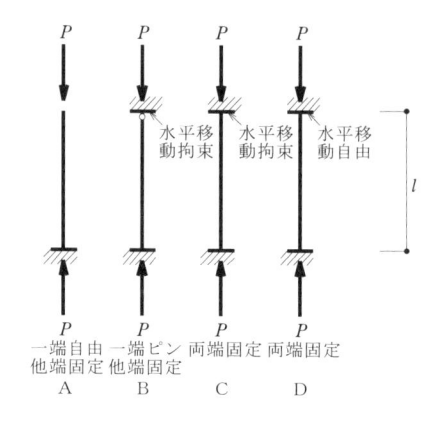

[解答例]
　図12・2を参考にして考える．
　A柱は，一端自由・他端固定であるから，座屈長さの理論値は $2l$ である．
　よって，1.が正解．

出題例 68 図のような支持条件の柱A，B，Cが，中心圧縮力を受けたときの座屈長さの理論値の組合せとして，正しいものは，次のうちどれか．ただし，それぞれの柱は，等質等断面の弾性部材とし，長さは等しいものとする．また，すべての材端の水平移動は拘束されているものとする．

	A	B	C
1.	$0.5l$	l	$0.7l$
2.	$0.5l$	$2l$	l
3.	l	$0.5l$	$0.7l$
4.	$0.5l$	l	$2l$

[解答例]

A 柱は，両端固定であるから，座屈長さの理論値は $0.5l$ である．
B 柱は，両端ピンであるから，座屈長さの理論値は $1.0l$ である．
C 柱は，一端ピン・他端固定であるから，座屈長さの理論値は $0.7l$ である．
よって，1. が正解．

[出題例69] 図のような支持条件で同一材質からなる柱A，B，Cの弾性座屈荷重の理論値 P_A, P_B, P_C の大小関係として，正しいものは，次のうちどれか．ただし，柱A，B，Cの材端の水平移動は拘束されており，それぞれの断面二次モーメントは I, $2I$, $3I$ とし，面外方向の座屈については無視するものとする．

1. $P_A < P_B < P_C$
2. $P_B < P_A < P_C$
3. $P_B < P_C < P_A$
4. $P_C < P_B < P_A$

柱	A	B	C
支持条件	P_A 中間に横移動拘束，回転自由の支点，両端ピン	P_B 両端ピン	P_C 上端ピン 下端固定
I	I	$2I$	$3I$

[解答例]

弾性座屈荷重は，$P_k = \dfrac{\pi^2 E I}{l_k{}^2}$ より求める．

柱A～Cに条件を当てはめて，計算する．

柱Aは，中間に振れ止めがあるから，座屈長さは $l/2$ となる．

$$\text{柱A} \quad P_A = \frac{\pi^2 E I}{(l/2)^2} = \frac{4\pi^2 E I}{l^2}$$

柱Bは，両端ピンであるから，座屈長さは l となる．

$$\text{柱B} \quad P_B = \frac{\pi^2 E (2I)}{l^2} = \frac{2\pi^2 E I}{l^2}$$

柱Cは，一端ピン・他端固定であるから，座屈長さは $0.7l$ となる．

$$\text{柱C} \quad P_C = \frac{\pi^2 E (3I)}{(0.7l)^2} = \frac{3\pi^2 E I}{0.49 l^2} \fallingdotseq \frac{6\pi^2 E I}{l^2}$$

したがって，$P_B < P_A < P_C$ となる．よって，2. が正解．

出題例 70 図のような構造物 A, B, C における弾性座屈荷重の理論値 P_A, P_B, P_C とした場合，それらの大小関係として，正しいものは，次のうちどれか．ただし，すべての柱は全長にわたって等質等断面であり，はりは剛体とし，柱およびはりの質量の影響は無視できるものとする．

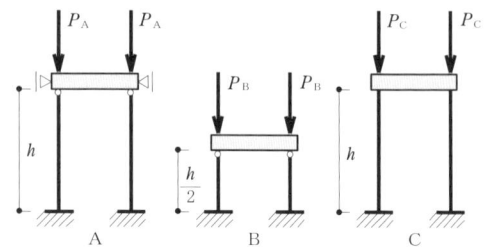

1. $P_A > P_B = P_C$
2. $P_A > P_B > P_C$
3. $P_A = P_B > P_C$
4. $P_B = P_C > P_A$

[解答例]

弾性座屈荷重は，$P_k = \dfrac{\pi^2 E I}{l_k^2}$ より求める．

弾性座屈荷重 P_k は，ヤング係数 E，および断面二次モーメント I に比例し，座屈長さ l_k^2 の二乗に反比例する．

この問題では，ヤング係数 E と断面二次モーメント I が一定であるから，$1/l_k^2$ によって決まる．

構造物 A は，一端ピン（水平移動拘束）・他端固定であるから，座屈長さは $0.7h$ となる．

$$構造物Aの弾性座屈荷重 P_A = \frac{\pi^2 E I}{l_k^2} = \frac{\pi^2 E I}{(0.7h)^2} = \frac{\pi^2 E I}{0.49h^2} \fallingdotseq \frac{2\pi^2 E I}{h^2}$$

構造物 B は，一端ピン（水平移動自由）・他端固定であるから，座屈長さは $2 \times (h/2) = h$ となる．

$$構造物Bの弾性座屈荷重 P_B = \frac{\pi^2 E I}{l_k^2} = \frac{\pi^2 E I}{(2 \times 0.5h)^2} = \frac{\pi^2 E I}{h^2}$$

構造物 C は，両端固定で，一端が水平移動自由であるから，座屈長さは h となる．

$$構造物Cの弾性座屈荷重 P_C = \frac{\pi^2 E I}{l_k^2} = \frac{\pi^2 E I}{h^2}$$

したがって，$P_A > P_B = P_C$ となる．

よって，1. が正解．

第13章　固有周期・振動

　本章で取り上げる固有周期・振動の出題頻度は，10年間で5〜6問と2年で1問程度の確率で出題されている．

　本章では，まず，固有周期とは何かを理解し，固有周期を求める**公式の活用方法**を覚える．

　次に，過去問の中から，固有周期の大小関係の問題と応答せん断力の問題を解説した．

1 固有周期

　建築物の振動は，一般的には，建築物の層の質量を床の位置に集中させ，柱や耐震壁の剛性をバネとした**質点系モデル**に置き換えて扱っている．すなわち，棒の先端に質量 m を集中させた構造物としての振動を考える．

　図13・1(a)に示す平家建の建築物は，層が1つなので，図(b)のように，1質点系モデルとして扱い，この質点（振り子の頭）に図(c)のような水平力を加えて強制的に振動を与えてやると，図(d)のように，振り子は往復運動（**自由振動**）を繰り返す．この自由振動における**周期**は，振り子の質量 m やバネの強さ K によって決まる振り子固有のもので，これを振り子の**固有周期 T** という．

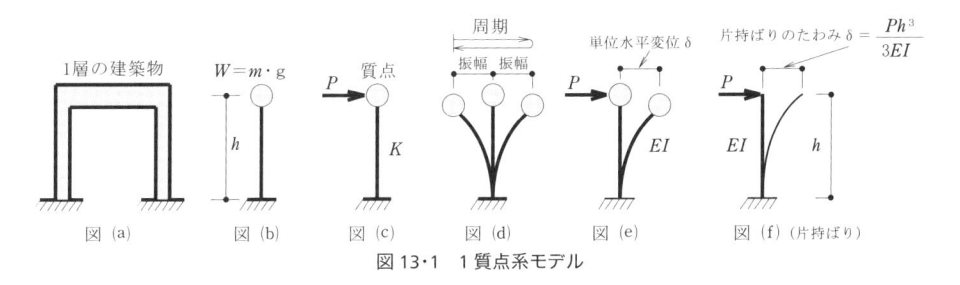

図13・1　1質点系モデル

　図(a)　1層の建築物
　図(b)　$W = m \cdot g$，h
　図(c)　質点，P，K
　図(d)　周期，振幅　振幅
　図(e)　単位水平変位 δ，P，EI
　図(f)（片持ばり）　片持ばりのたわみ $\delta = \dfrac{Ph^3}{3EI}$，$P$，$EI$，$h$

　固有周期 T は，**質量 m** を**バネ定数 K** で除した値の**平方根**に比例して，次式から求める．

> ☞ **必ず覚える！公式65**
>
> 固有周期　$T = 2\pi \sqrt{\dfrac{m}{K}}$（秒）　　　　　　　　　　　　　　(13・1)

> ☞ 必ず覚える！ 選択肢

① 建築物の一次振動モードに対応する固有周期が最も長く，二次・三次の振動モードに対応する固有周期は順に短くなる．
② 振動の固有モードの節（不動点）は，1次の固有モードの場合には，固定端のみの1個であり，2次，3次と次数が増すごとに，1個ずつ増える．
③ 建築物は，一般に，その固有周期に近い周期で加振されると，共振現象のために大きな振幅の振動が発生する．
④ 固有周期が短い建築物ほど，積層ゴム支承などを用いた免震構造を採用する場合，一般に，地震時に作用する水平力を低減する効果が大きい．
⑤ 建築物の固有周期は，剛性が同じであれば，質量が大きいほど長くなり，質量が同じであれば，水平剛性が小さいほど長くなる．

❷ バネ定数

バネ定数Kは，**単位水平変位**（例えば1cm）を生じさせるのに必要な**水平力**として考える（図13・1(e)）．このとき，水平変位は，図(f)のような，片持ばりの変位（たわみ）δから求め，水平力としてのバネ定数Kは，次式から求める（図13・2参照）．

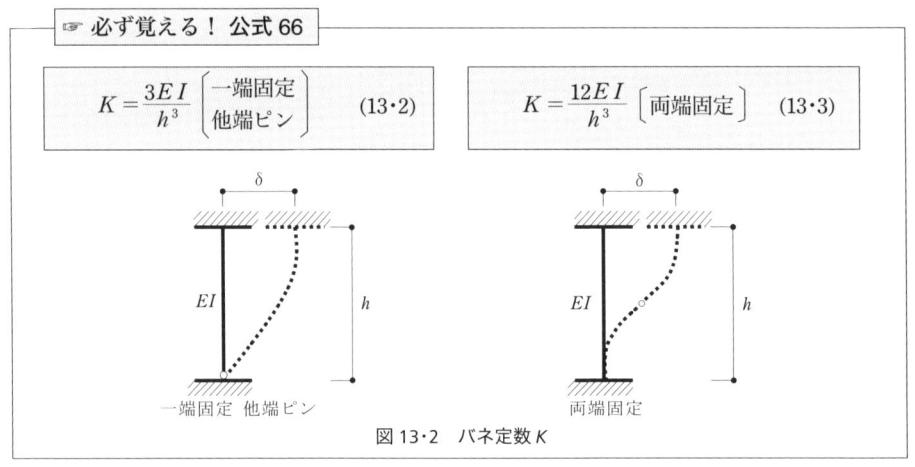

> ☞ 必ず覚える！ 公式66
>
> $$K = \frac{3EI}{h^3} \begin{bmatrix} 一端固定 \\ 他端ピン \end{bmatrix} \quad (13\cdot2) \qquad K = \frac{12EI}{h^3} \begin{bmatrix} 両端固定 \end{bmatrix} \quad (13\cdot3)$$

図13・2 バネ定数K

ラーメンの場合は，柱が2本あるから，**バネ定数Kを2倍する**．

バネ定数の式を固有周期の公式に代入して整理すると，次式のようになる（図13・3参照）．

☞ この公式に注目！

・一端固定，他端ピンの場合

$$\text{固有周期}\ T = 2\pi\sqrt{\frac{m}{K}} = 2\pi\sqrt{\frac{mh^3}{3EI}},\ \text{ラーメンでは}\ T = 2\pi\sqrt{\frac{mh^3}{6EI}}\ \text{となる．}$$

・両端固定の場合

$$\text{固有周期}\ T = 2\pi\sqrt{\frac{m}{K}} = 2\pi\sqrt{\frac{mh^3}{12EI}},\ \text{ラーメンでは}\ T = 2\pi\sqrt{\frac{mh^3}{24EI}}\ \text{となる．}$$

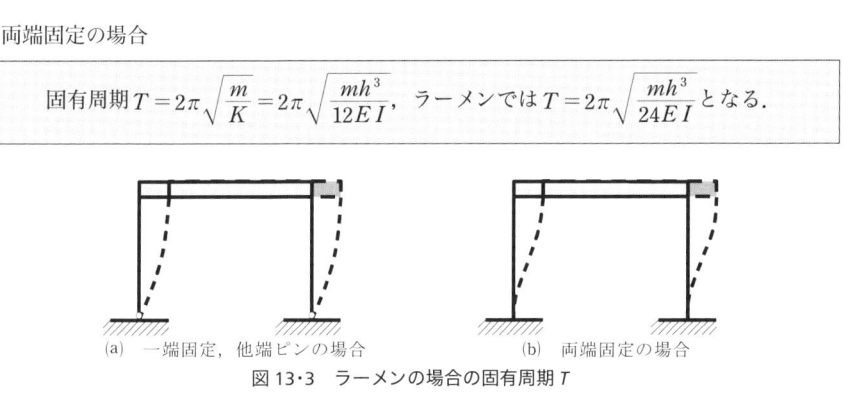

(a) 一端固定，他端ピンの場合　　(b) 両端固定の場合

図 13・3　ラーメンの場合の固有周期 T

では，実際の出題例で解き方を学んでみよう．

出題例 71　図のような頂部に集中質量をもつ棒 A，B，C の固有周期 T_A，T_B，T_C の大小関係として，正しいものは，次のうちどれか．ただし，3 本の棒はすべて等質等断面とし，曲げ変形だけが生じるものとする．また，棒の質量は無視する．

1. $T_A > T_B > T_C$
2. $T_B > T_A > T_C$
3. $T_B > T_C > T_A$
4. $T_C > T_A > T_B$

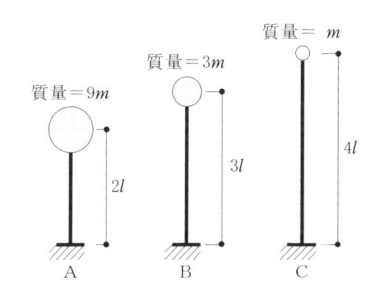

A: 質量 = $9m$，長さ $2l$
B: 質量 = $3m$，長さ $3l$
C: 質量 = m，長さ $4l$

[解答例]

1 質点系モデルの固有周期 T は，次式で求める．

$$T = 2\pi\sqrt{\frac{m}{K}}$$

一端固定，他端ピンのバネ定数 K は，$K = \dfrac{3EI}{h^3}$ であるから，これを上の式に代入して計算する．

$$T_A = 2\pi\sqrt{\frac{m}{K}} = 2\pi\sqrt{\frac{9m\times(2l)^3}{3EI}} = 2\pi\sqrt{\frac{72ml^3}{3EI}}$$

$$T_B = 2\pi\sqrt{\frac{m}{K}} = 2\pi\sqrt{\frac{3m\times(3l)^3}{3EI}} = 2\pi\sqrt{\frac{81ml^3}{3EI}}$$

$$T_C = 2\pi\sqrt{\frac{m}{K}} = 2\pi\sqrt{\frac{m\times(4l)^3}{3EI}} = 2\pi\sqrt{\frac{64ml^3}{3EI}}$$

したがって，$T_B > T_A > T_C$ となる．
よって，2. が正解．

[出題例 72] 図のようなラーメン A，B，C の固有周期をそれぞれ T_A，T_B，T_C としたとき，それらの大小関係として，正しいものは，次のうちどれか．ただし，すべてのはりは剛体とし，また，すべての柱は等質等断面とする．

1. $T_A > T_B > T_C$
2. $T_C > T_A > T_B$
3. $T_B = T_C > T_A$
4. $T_A = T_C > T_B$

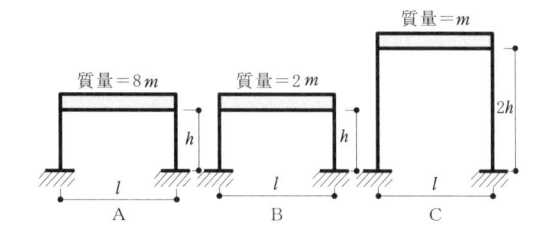

[解答例]
1質点系モデルの固有周期 T は，次式で求める．

$$T = 2\pi\sqrt{\frac{m}{K}}$$

両端固定のバネ定数 K は，$K = \dfrac{12EI}{h^3}$ であり，ラーメンの問題で柱が2本あるから K を2倍して，これを上の式に代入して計算する．

$$T_A = 2\pi\sqrt{\frac{m}{K}} = 2\pi\sqrt{\frac{8m\times h^3}{24EI}}$$

$$T_B = 2\pi\sqrt{\frac{m}{K}} = 2\pi\sqrt{\frac{2m\times h^3}{24EI}}$$

$$T_C = 2\pi\sqrt{\frac{m}{K}} = 2\pi\sqrt{\frac{m\times(2h)^3}{24EI}} = 2\pi\sqrt{\frac{8mh^3}{24EI}}$$

したがって，$T_A = T_C > T_B$ となる．
よって，4. が正解．

❸ 応答スペクトル

1質点系の建築物に地震動を入力し，その振動体の反応を**応答**といい，建築物の固有周期別に表したものを**応答スペクトル**という．

応答スペクトルには，**変位応答スペクトル**，**速度応答スペクトル**，**加速度応答スペクトル**がある．

> ☞ **必ず覚える！ 公式 67**
>
> 地震動が入力された場合，固有周期が長くなると，応答スペクトルは次のように変化する（図13・4参照）．
> ・変位応答スペクトルは，大きくなる（図(a)）．
> ・速度応答スペクトルはあまり変化しない（図(b)）．
> （減衰係数が大きくなると，応答スペクトルは，小さくなる．）
> ・加速度応答スペクトルは小さくなる（図(c)）．

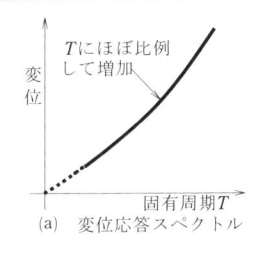

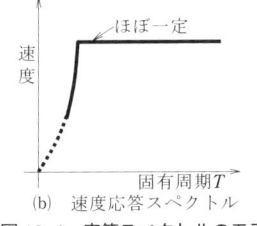

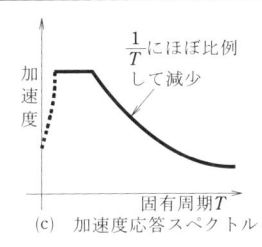

(a) 変位応答スペクトル — Tにほぼ比例して増加
(b) 速度応答スペクトル — ほぼ一定
(c) 加速度応答スペクトル — $\frac{1}{T}$にほぼ比例して減少

図 13・4 応答スペクトルのモデル

一般に，鉄筋コンクリート造の建築物の内部粘性減衰係数は，鉄骨造の建築物の減衰係数に比べて大きくなる．すなわち，鉄筋コンクリート造のほうが早く減衰し，揺れが収まり，鉄骨造はゆっくり減衰し，ゆらゆらと揺れが続く．

建築物は，一般に，その固有周期に近い周期で加振されると，鉄骨造など減衰定数が小さいものほど，大きい振幅の振動が発生する．

図 13・4 (c) からわかるように，固有周期が長くなると応答加速度は減少する．

すなわち，固有周期が短いものは，地震動（地面の動き）の加速度より大きな応答加速度を示し，固有周期が長いものは地震動より小さい応答加速度を示す．このことは，固有周期が長くなると，地震力が小さくなるという傾向を示している．固有周期が長い超高層建築物や免震構造では，有利な性質となる．

地震力（応答せん断力）は，次の式で求めることができる．

> ☞ **必ず覚える！ 公式 68**
>
> 地震力（応答せん断力 Q）＝応答加速度 α ×質量 m （13・4）

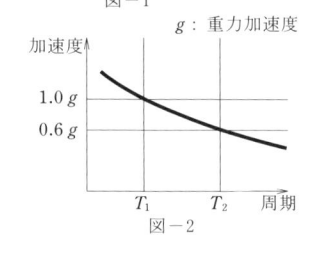

では，実際の出題例で解き方を学んでみよう．

出題例 73 図－1のような頂部に集中質量をもつ棒A，B，Cにおける固有周期をそれぞれT_A，T_B，T_Cとする場合において，それぞれの棒の脚部に図－2のような加速度応答スペクトルをもつ地震動が入力されたとき棒に生じる応答せん断力がQ_A，Q_B，Q_Cとなった．T_A，T_B，T_Cの大小関係と，Q_A，Q_B，Q_Cの大小関係との組合せとして，正しいものは，次のうちどれか．ただし，T_A，T_B，T_Cは図－2のT_1とT_2との間の値をとり，応答は水平方向であり弾性範囲内とする．

　　　　固有周期　　　　応答せん断力
1. $T_B < T_A < T_C$　　$Q_C < Q_A < Q_B$
2. $T_B < T_A < T_C$　　$Q_A < Q_B < Q_C$
3. $T_C < T_B < T_A$　　$Q_B < Q_A < Q_C$
4. $T_C < T_B < T_A$　　$Q_A < Q_B < Q_C$

[解答例]
1質点系モデルの固有周期Tは，次式で求める．

$$T = 2\pi\sqrt{\frac{m}{K}}$$

これを問題の棒の固有周期に当てはめると，次のようになる．

$$T_A = 2\pi\sqrt{\frac{m}{K}}, \quad T_B = 2\pi\sqrt{\frac{m}{2K}}, \quad T_C = 2\pi\sqrt{\frac{2m}{K}}$$

したがって，固有周期Tの大小関係は，$T_B < T_A < T_C$となる．
次に，$T_B < T_A < T_C$の関係を，図－2に当てはめると，
$T_1 = T_B$，T_1とT_2の中間$= T_A$，$T_2 = T_C$という関係となる．
地震動が入力されたとき，棒に生じる応答せん断力Qは，「**必ず覚える！公式68**」より，

　　応答せん断力Q＝応答加速度α×質量m

で計算すると次のようになる．

$Q_A \fallingdotseq 0.8g \times m = 0.8mg$
$Q_B = 1.0g \times m = 1.0mg$
$Q_C = 0.6g \times 2m = 1.2mg$

したがって，$Q_A < Q_B < Q_C$となる．
よって，2.が正解．

【著者略歴】

植村典人（うえむら　ふみと）
1966年名古屋工業大学建築学科卒業．現在，修成建設専門学校嘱託教員．
『初めての建築構造力学』『初めての建築構造設計』『スタンダード一級建築士』『スタンダード一級建築士実践問題集』『一級建築士試験出題キーワード別問題集』（共著，学芸出版社），『建築構造力学公式活用ブック』（共著，オーム社），『2級建築士受験テキスト』2および3（山海堂）ほか著書多数．

一級建築士試験　構造力学のツボ

2007年2月25日　第1版第1刷発行
2012年6月20日　第2版第3刷発行

著　者………植村典人
発行者………京極迪宏
発行所………株式会社 学芸出版社
　　　　　　京都市下京区木津屋橋通西洞院東入
　　　　　　電話 075-343-0811　〒600-8216
　　　　　　http://www.gakugei-pub.jp/
　　　　　　E-mail info@gakugei-pub.jp

装　丁………古都デザイン
印　刷………イチダ写真製版
製　本………新生製本

Ⓒ植村典人　2007
Printed in Japan　　　ISBN978-4-7615-1223-1

JCOPY 〈(社)出版者著作権管理機構委託出版物〉
本書の無断複写（電子化を含む）は著作権法上での例外を除き禁じられています。複写される場合は，そのつど事前に，(社)出版者著作権管理機構（電話 03-3513-6969，FAX 03-3513-6979，e-mail: info@jcopy.or.jp）の許諾を得てください．
また本書を代行業者等の第三者に依頼してスキャンやデジタル化することは，たとえ個人や家庭内での利用でも著作権法違反です．

学芸出版社の一級建築士受験書

一級建築士試験 構造設計のツボ

植村典人 著
A5 判・168 頁・定価 1995 円（本体 1900 円）

■■内容紹介■■　一級建築士試験・学科Ⅳ（建築構造）において構造設計は合否の鍵を握る分野であり，避けて通ることはできない．一方，同じ型の問題が繰り返し出題されており，要点さえ理解すれば確実に得点できる．本書は単元別に出題頻度を分析し，暗記すべき要点を整理し，過去問の解法を徹底解説．ツボを押えた学習で全問正解を目指せ！

一級建築士試験 環境工学のツボ

大西正宜 著
A5 判・160 頁・定価 1995 円（本体 1900 円）

■■内容紹介■■　新学科（環境設備）開設で，環境工学，建築設備の分野は問題数が増えた．ことにグラフの読み取りや計算問題の多い「環境工学」の分野は苦手意識の強い受験生が多いが，足キリを考えるともはや避けては通れない．本書は過去問を分析し，暗記すべき要点，問題の解法を徹底的に解説．環境工学の制覇を指南する初めてのテキスト．

スタンダード一級建築士

建築資格試験研究会 編著
A5・440 頁・定価 3150 円（本体 3000 円）

■■内容紹介■■　年々難易度を増す建築士試験は最早「よく出る」対策だけでは合格しない．本書は，過去の出題や新傾向の難問を吟味し，出題された内容のすべてが基本に戻って学べるよう，初歩から丁寧に解説し理解力 UP をはかる．学科試験の復習と整理，問題チェックがこの 1 冊でできる，建築士受験の王道をいく定番テキスト．改正試験の 5 科目 4 択化に対応！！

一級建築士試験 出題キーワード別問題集

建築資格試験研究会 編
A5・560 頁・定価 2940 円（本体 2800 円）

■■内容紹介■■　一級建築士試験「学科試験」の出題傾向を徹底分析し，過去 7 年分の問題を出題キーワード別に収録した．出題頻度と問題の傾向が一目でわかり，受験対策が効率よく進められる画期的な問題集．類似問題の集中学習で確実な実力アップができるとともに，試験直前の問題研究にも役立つ．すべての問題に解法のポイントを的確に解説．

一級建築士受験 法規のウラ指導

荘司和樹＋教育的ウラ指導 編著
A5・584 頁・定価 3360 円（本体 3200 円）

■■内容紹介■■　「持込法令集づくり」にポイントを絞った新発想の受験書．過去 20 年間の法規科目の全問題を，選択肢毎に 1 問 1 答化して，学習効率が高まるように整理して配列し直した．さらに法令の項目別に解答・解説を加えた．問題を解きながら線を引き，内容を理解していくという，独学合格者たちのノウハウ公開．近年の新傾向問題も増補した．

一級建築士 製図試験のウラ指導

荘司和樹＋教育的ウラ指導 編著
A4 変・176 頁＋折図 8 頁・定価 3360 円（本体 3200 円）

■■内容紹介■■　従来の製図試験対策は，与えられた課題文を読解した後に解答例を作成し，模範解答例と見比べて計画力をブラッシュアップしていくものだ．しかし，ウラ指導では「課題文を作ってみる」という指導を行っている．頭をひねって問題を自分で作成することで，問題作成者の視点を養うという，新機軸の手法を公開した製図受験テキスト．